SILA SAHIN

Sila's

ORIENTKÜCHE

Sila's
ORIENTKÜCHE

FOOD-FOTOGRAFIE: JULIA HOERSCH
PEOPLE-FOTOGRAFIE: BERND JAWOREK

INHALT

VORWORT

Gutes Essen ist ein Geschenk. Das möchte ich teilen, wann immer es möglich ist: mit meiner Familie, mit Freunden und allen, die dieses Buch lesen. Die Freude am gemeinsamen Essen ist Teil meiner Kultur, meines Lebens und meiner ganzen Person.

Die letzten Jahre sind für mich mehr als turbulent verlaufen – nicht nur beruflich mit neuen Rollen, Werbeaufträgen oder Fernsehauftritten, sondern vor allem privat. Ich habe meinen Mann kennengelernt, wir haben geheiratet und sind inzwischen Eltern zweier wunderbarer Kinder, die wahnsinnig viel Glück, aber natürlich auch jede Menge zusätzlichen Wirbel in den Alltag bringen. Zusammen führen wir ein kleines Nomadenleben, das uns an die unterschiedlichsten Orte auf der ganzen Welt führt. Gerade deshalb versuchen wir immer wieder kleine Momente der Ruhe zu finden.

Das Kochen für die Familie und Freunde und das anschließende gemeinschaftliche Essen sind für mich solche Augenblicke des Innehaltens. Dann bin ich ganz bei mir. Ein mit viel Liebe gekochtes Essen ist für mich wesentlich – war es schon immer. Meine kulinarischen Wurzeln sind dabei so bunt und vielfältig wie mein ganzes bisheriges Leben.

Als Kind türkischer Eltern wurde ich in Berlin geboren. So gab es für mich Köfte und Buletten gleicher-maßen, Pommes rot-weiß sowieso. Aber dass hier keine Missverständnisse aufkommen: Obwohl meine Mutter als Krankenschwester beruflich voll eingespannt war, legte sie immer großen Wert auf gutes selbst gekochtes Essen. Das musste zwar möglichst einfach und unkompliziert in der Zubereitung sein, aber trotzdem fast ausschließlich frische, gesunde Zutaten enthalten. Börek, Gözleme, Lahana Sarması – türkische Kohlrouladen – hat sie ebenso selbstverständlich im Repertoire wie ihren legendären Gänsebraten mit Rotkohl. Da meine Mutter alleinerziehend war und im Krankenhaus im Schichtdienst arbeitete, wurde ich oft von befreundeten türkischen oder arabischen Familien ringsum im Kiez eingeladen und dort nach orientalischer Sitte besonders üppig verwöhnt. Die damals noch eher exotisch anmutenden Oliven oder die türkische Sucuk-Wurst in meiner Brotdose wurden aber auch schnell unter meinen deutschen Klassenkameraden zum Renner.

In den Ferien besuchten wir früher regelmäßig die Familie meiner Mutter an der türkischen Schwarzmeerküste. Voller Wehmut denke ich an die leckeren, ausgiebigen Frühstücke auf der schattigen Veranda zurück. Dort wurden uns Kindern lauter Kleinigkeiten auf einem Tepsi – dem typischen runden türkischen Blech – serviert, die wir uns mit den Fingern herunterschnappen und direkt in den Mund stecken durften. Unbewusst begriff ich schon damals, wie herrlich Essen schmecken kann und wie gut es sich anfühlt, es mit anderen zu teilen.

Meine Küche ist ein Spiegel meiner Seele. Sie ist so vielfältig wie die unterschiedlichen Menschen und verschiedenen Orte in meinem Leben. Und sie ist so überraschend wie viele Begegnungen und Erfahrungen, die ich bisher machen durfte.

Ich koche nicht ausschließlich typisch türkisch oder orientalisch, sondern mische am liebsten alle möglichen Kochstile und Zutaten, die ich persönlich gerne mag. Außerdem koche ich selten nach Rezept, meist nicht mit exakt abgewogenen Mengen, sondern eher nach Gefühl, ganz aus dem Bauch heraus. Trotzdem bin ich natürlich geprägt durch meine Herkunft und vor allem durch die Menschen, die mir nahestehen, die ich liebe. So erklären sich auch die Kapitel in diesem Buch, die jeweils einzelne Facetten meiner Küche und meiner Person abbilden.

Kochen allgemein und insbesondere alle türkischen Klassiker habe ich von meiner Mutter gelernt. Ich bin überzeugt: Wer nicht kochen kann oder es nicht zumindest ausprobiert, der verpasst etwas im Leben. Ich finde, jeder sollte Kochen können – auch Männer! Genau wie mein Vater, der mich als Kind mit kräutersatten, kunstvoll angerichteten Tellern immer wieder aufs Neue verblüfft hat.

Kochen ist Erfahrungssache und ich lerne dauernd neu dazu. Mein Mann mag schon seit Kindertagen weder Fleisch noch Fisch, darum wird bei uns immer öfter vegetarisch gegessen. Und als Mutter versuche ich, wie meine Eltern früher, möglichst Abwechslungsreiches und Gesundes auf den Tisch zu bringen und meine Jungs neugierig auf noch Unbekanntes zu machen. Bei Elija, meinem Älteren,

klappt das prima. Egal ob Oliven, Trauben oder Scharfes – er probiert fast alles, auch wenn er dabei manchmal lustig das Gesicht verzieht.

Bis zu meinen Schwangerschaften war ich immer schlank. Ich konnte so viel essen, wie ich wollte, und habe nie zugenommen. Das habe ich vermutlich meinen Genen zu verdanken. Während und nach den Schwangerschaften hat sich mein Körper verändert, und das viele Schlemmen ging natürlich nicht mehr spurlos an mir vorbei. Ich wollte mich vollwertig ernähren, auch weil es mir wichtig war, meine beiden Jungs zu stillen. Nach den Schwangerschaften habe ich dann erfolgreich versucht, wieder in meine alten Jeans zu passen – ohne Verzicht auf gutes Essen, aber dafür mit viel Bewegung. Selbst gemachte frische Salate, leichte Suppen oder eine kleine Pasta haben mir dabei geholfen. Ich fühle mich absolut wohl, jetzt etwas runder, aber dafür femininer. Und ganz ehrlich: Hungerhaken, denen man Verzicht und Essfrust ansieht, finde ich nicht sonderlich sexy.

Essen ist etwas Wunderschönes. Es sollte Spaß machen und allen am Tisch Freude bereiten. Steht jemand hungrig auf, macht mich das traurig. Essen kann außerdem sehr verführerisch sein – auch wenn das »Love-Dinner« zu zweit im Moment leider eher die Ausnahme ist. Aber wann immer es geht, versuche ich Familie und Freunde an einer großen Tafel zu beglücken: beim gemeinsamen Frühstück, Brunch, Dinner oder mit einem üppigen Büfett. Das gehört für mich zu einem guten, gelungenen Tag.

8

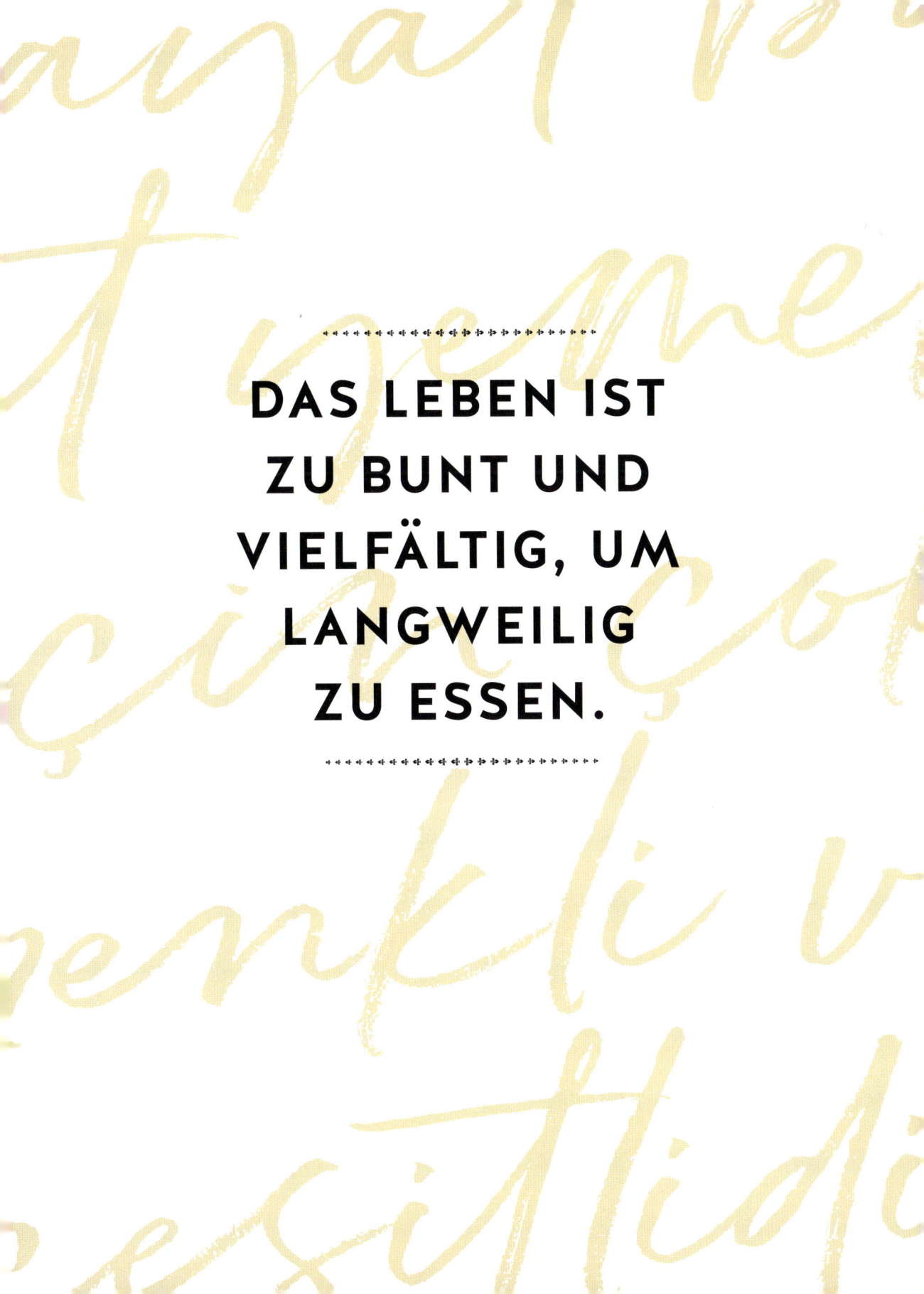

DAS LEBEN IST
ZU BUNT UND
VIELFÄLTIG, UM
LANGWEILIG
ZU ESSEN.

MEIN VORRATSSCHRANK

Einige Zutaten habe ich eigentlich immer im Küchen- oder Kühlschrank vorrätig. Nichts besonders Exotisches, sondern einfache Basics, die in jedem türkischen Haushalt, aber auch hierzulande gut im Supermarkt zu finden sind.

REIS & BULGUR

Genau wie in Deutschland kennt man in der Türkei die unterschiedlichsten Reissorten, die sich entsprechend für bestimmte Gerichte mehr, für andere weniger gut eignen. Für den Hausgebrauch reichen im Prinzip zwei Sorten: normaler Langkornreis, den ich beispielsweise für gefüllte Weinblätter verwende, und Rundkornreis. Speziellen türkischen Rundkornreis, mit dem z. B. ein Pilaw perfekt gelingt, gibt es im türkischen Lebensmittelladen unter dem Namen »Pilavlık Pirinç«. Wer den nicht bekommt, nimmt normalen Rundkornreis. Zur Not tut es auch Langkornreis, lediglich Parboiled-Reis eignet sich weniger gut. Neben dem gängigen groben Bulgur, den jeder Supermarkt führt, verwendet man in der Türkei in verschiedenen Rezepten feinen Bulgur, der nicht gekocht werden muss, sondern nur kurz in Wasser quillt. Er ist unter der Bezeichnung »Köftelik Bulgur« zu finden und kann alternativ durch Instant-Couscous ersetzt werden.

YUFKATEIG

Den superdünnen, blättrigen Teig kennt man in der türkischen Küche unter dem Namen »Yufka« oder in der griechischen unter der Bezeichnung »Filo«. Er wird in unterschiedlichen Zuschnitten (rund, recht- oder dreieckig) im Supermarkt und in türkischen oder griechischen Lebensmittelläden angeboten – passend für die verschiedensten herzhaften oder auch süßen Speisen wie Börek oder Baklava.

PAPRIKAMARK

Wie Tomatenmark ist Paprikamark eine Standardzutat in der türkischen Küche. Neben Salz oder Gewürzen enthält es nur Paprika, aber das in äußerst konzentrierter Form. So erhält man eine hocharomatische Würzzutat. Das Mark wird in milder Variante (Biber Salçası) oder chilischarf (Acı Biber Salçası) angeboten. Wer nur eine Art im Schrank haben möchte, nimmt mildes Paprikamark und würzt es bei Bedarf mit Pul biber oder Chilipulver.

JOGHURT

Türkischer Joghurt enthält wie griechischer Joghurt rund 10 % Fett und ist damit deutlich sahniger und cremiger als die meisten deutschen Erzeugnisse. Türkischer Joghurt schmeckt allerdings säuerlicher als griechischer, dem man ersatzweise mit einem Spritzer Zitronensaft nachhelfen kann.

SUCUK & PASTIRMA

Da Schweinefleisch für Muslime Tabu ist, bestehen die kräftig gewürzte Sucuk-Wurst und der getrocknete Rohschinken Pastırma aus Rindfleisch. Sie schmecken nicht nur lecker als Brotbelag, sondern geben, ähnlich wie hierzulande Speck, vielen herzhaften Gerichten wie Eintöpfen einen besonders würzigen, aromatischen Geschmack.

NÜSSE & SAATEN

Mandeln, Walnüsse, Pinienkerne, Pistazien oder Sesam – wer schon einmal über einen türkischen Basar gegangen ist, wird sich an die bunt aufgehäuften Berge an Knabbereien erinnern. In der Türkei liebt man Kerne und Saaten und reicht sie gerne zum Aperitif oder Kaffee. Aber auch als knackig-nussige Zutat geben sie vielen Gerichten den letzten Kick und sorgen für einen schönen Knuspereffekt.

IN DER WÜRZE LIEGT DIE KRAFT

Würzende Zutaten sind die Seele der orientalischen Küche – sie verleihen Gerichten nicht nur das einzigartige 1001-Nacht-Aroma, sondern verschönern und verzaubern auch unscheinbare, schlichte Speisen in unwiderstehliche Kostbarkeiten.

GRANATAPFELSIRUP

Türkischer Granatapfelsirup (Nar Ekşisi) – nicht zu verwechseln mit süßer Grenadine für Drinks und Limonade – besteht eigentlich nur aus lange eingekochtem Granatapfelsaft. Er ist bräunlich, dickflüssig, angenehm säuerlich mit einer letzten Spur Fruchtsüße und ähnelt einem guten alten Aceto balsamico. Ganz ähnlich lässt er sich auch einsetzen: für Salatdressings, zum Beträufeln von Gerichten oder als süß-säuerliche Komponente in herzhaften Gerichten wie Linseneintopf.

PUL BIBER

Die Gewürzmischung besteht im Wesentlichen aus grob gemahlenen getrockneten milden und scharfen Paprikaschoten. Je nach Hersteller variiert Pul biber in seiner Schärfe und enthält manchmal noch Salz, andere Gewürze oder sogar Farbstoffe für ein leuchtendes Rot. Daher vor dem Würzen unbedingt den Geschmackstest machen: Sind bereits Salz und andere Gewürze enthalten, zusätzlich entsprechend weniger davon verwenden – oder gleich ein schlichtes Pul biber aus reinen Paprika kaufen!

SUMACH

Das dunkelrote, fast violettfarbene Pulver aus den getrockneten Früchten des Färberbaums ist hierzulande noch wenig bekannt, wird aber in der türkischen und orientalischen Küche vielfach verwendet. Sein säuerliches, leicht fruchtiges Aroma macht es zu einem idealen Ersatz für Zitronensaft oder Essig. Zudem punktet Sumach mit seiner Optik: Gurkensalat mit Joghurtdressing und Sumach bestreut sieht gleich doppelt so lecker aus – und schmeckt genial.

PETERSILIE, MINZE & DILL

In der türkischen und orientalischen Küche liebt man frische Kräuter – am besten büschelweise. Wer kann schon dem Duft von Petersilie, Minze, Dill, Basilikum oder auch mal Koriander widerstehen – zumal alle gesund und appetitanregend wirken. Damit die Kräuter lange frisch bleiben, schlägt man sie am besten im Bund in ein feuchtes Tuch oder Küchenpapier ein und legt sie in einem Gefrierbeutel ins Gemüsefach. So halten sie mehrere Tage.

KREUZKÜMMEL

Auch wenn der Name es nahelegt, mit Kümmel hat dieses Gewürz geschmacklich nichts gemein. Kreuzkümmel schmeckt vielmehr erdig, herb, dunkel und tief aromatisch. Es ist ein Standard-, ja beinahe Grundgewürz in den meisten orientalischen Küchen und gibt Fleisch, Schmorgerichten und vielem mehr ein ganz spezifisches Aroma. In deutschen Supermärkten findet man Kreuzkümmel auch unter dem Namen »Cumin«, im türkischen Lebensmittelladen unter dem Namen »Kimyon«.

ZIMT & KARDAMOM

Neben anderen Gewürzen wie Nelken oder Piment, die in der orientalischen Küche ebenfalls äußerst beliebt sind, sind Zimt und Kardamom besonders hervorzuheben. Sie werden dort nicht nur wie hierzulande üblich für Süßspeisen und (Weihnachts-) Gebäck verwendet, sondern gerne auch in vielen herzhaften Gerichten, Tee, Kaffee und anderen Getränken: Eine Stange Zimt im Schmortopf oder ein paar Prisen davon im Hackfleisch für Köfte sorgen gleich für richtiges Orient-Feeling.

Kochen ist in der Türkei, wie in fast allen orientalischen Ländern, vor allem Frauensache. Berühmte Klassiker wie Gözleme, gefüllte Weinblätter oder Börek sind arbeitsintensiv und zeitaufwändig. Darum sitzen dort die Frauen der ganzen Familie und teils auch Nachbarinnen gerne zusammen, kneten Teig, rollen Fladen oder füllen Kohlrouladen – möglichst in großen Mengen, damit sich der Aufwand auch lohnt. Dabei wird geredet, gelacht und der neuste Klatsch und Tratsch ausgetauscht. Deshalb liebe ich es auch, gemeinsam mit meiner Mutter in der Küche zu stehen und zu kochen. Nicht zuletzt, weil sie mir immer noch den ein oder anderen Kniff beibringt oder eine ihrer Geheimzutaten verrät. Eines ist jedenfalls klar: So gut wie Mama kocht niemand und so gut wie bei ihr schmeckt es eigentlich nirgends.

REZEPTE MEINER MUTTER

Türkische Hausfrauenkost – ja, aber eben richtig,
richtig gut, so wie nur Mama sie kochen kann.
Nämlich mit viel Liebe, dem Gespür für beste Zutaten
und dem ganz persönlichen Twist.

GÖZLEME

FÜR 4 PERSONEN (8 Stück) • **ZUBEREITUNG:** 1 Std. 10 Min. • **PRO PORTION:** ca. 600 kcal

FÜR DEN TEIG:
350 g Mehl
Salz
1 EL Olivenöl

FÜR DIE FÜLLUNG:
400 g Blattspinat
1 Zwiebel
1 Knoblauchzehe
2 EL Olivenöl
Salz – Pfeffer
150 g Schafskäse (Feta)

AUSSERDEM:
Mehl zum Arbeiten
50 g Butter

1. Für den Teig das Mehl mit ¾ TL Salz in einer Schüssel mischen. Nach und nach 200–225 ml lauwarmes Wasser zügig unterarbeiten, dabei das Olivenöl mit den ersten 100 ml Wasser zugeben. Alles so lange verkneten, bis ein glatter, weicher Teig entstanden ist. Den Teig in acht gleich große Portionen teilen und diese zu glatten Kugeln rollen, mit einem feuchten Tuch abdecken und 30 Min. ruhen lassen.

2. Inzwischen für die Füllung den Spinat verlesen, waschen und gut abtropfen lassen. Die Blätter in Streifen schneiden. Zwiebel und Knoblauch schälen und fein hacken. Öl in einem weiten Topf erhitzen, darin Zwiebel und Knoblauch langsam goldgelb andünsten. Den Spinat zugeben und bei großer Hitze unter Rühren zusammenfallen lassen. Mit Salz und Pfeffer würzen, vom Herd nehmen, in einem Sieb abkühlen lassen und falls nötig überschüssige Flüssigkeit herauspressen. Den Schafskäse mit einer Gabel fein zerdrücken und mit dem Spinat mischen.

3. Auf der leicht bemehlten Arbeitsfläche die Teigbällchen so dünn wie möglich zu einem Kreis (ca. 25 cm ø) ausrollen. Die Butter bei kleiner Hitze in einem Topf zerlassen. Die Spinatmasse in acht Portionen teilen. Je eine Portion auf einer Seite eines Teigkreises verteilen, dabei einen breiten Rand frei lassen. Die unbelegte Seite über die Füllung klappen und den Teig an den Rändern gut zusammendrücken.

4. Eine Gusseisen- oder andere schwere Pfanne stark erhitzen. Darin die Gözleme bei mittlerer Hitze 3–5 Min. pro Seite backen, bis der Teig braune Flecken hat. Dann beidseitig mit Butter bestreichen und bei 80° im Ofen warm halten, bis alle Gözleme ausgebacken sind. Warm servieren.

TIPP
In der Türkei werden die Fladen mit einer dünnen, langen Teigrolle aus Holz (Oklava) ganz dünn ausgewalzt. Wer es probieren möchte: Zur Not tut es auch ein sauberer, abgesägter Besenstiel.

16

Gözleme mache ich am liebsten mit meiner
Mutter – niemand rollt den Teig so perfekt
wie sie. Bei der Füllung variieren wir nach
Lust und Laune. Mal nehmen wir nur Käse,
mal auch gekochte, zerdrückte Kartoffeln
vom Vortag, dann allerdings gut gewürzt!

SIGARA BÖREĞI

FÜR 4 PERSONEN (12 Stück) • **ZUBEREITUNG:** 30 Min. • **PRO PORTION:** ca. 335 kcal

200 g Schafskäse (Feta)
1 Bund Dill
½ Bund glatte Petersilie
Pfeffer
150 g Yufkateig (ca. 6 rechteckige
    Blätter; ersatzweise Filoteig)

AUSSERDEM:
Öl zum Frittieren

1. Den Schafskäse mit einer Gabel fein zerdrücken. Kräuter waschen, gut trocken schütteln, Spitzen bzw. Blättchen abzupfen, fein schneiden und mit dem Schafskäse mischen. Alles mit Pfeffer würzen.

2. Jeweils 2 Yufkateigblätter übereinanderlegen und mit zwei diagonalen Schnitten in vier Dreiecke teilen. Jeweils 2 TL Schafskäsemischung unten auf der langen Seite eines Dreieckes verteilen. Dabei sollten ca. 1 cm zum unteren Rand und jeweils 2–3 cm links und rechts frei bleiben. Die seitlichen Ecken nach innen über die Füllung schlagen und den freien Rand von unten über die eingeschlagenen Ecken und die Füllung vorsichtig, aber halbwegs straff nach oben rollen. Die offenen Spitzen oben leicht mit Wasser befeuchten und an die Röllchen kleben. So nacheinander den gesamten Teig und die komplette Füllung verarbeiten.

3. Eine Pfanne mit hohem Rand ca. 2 cm hoch mit Öl befüllen. Das Öl stark erhitzen – es ist heiß genug, wenn sofort an einem hineingehaltenen Holzlöffelstiel kleine Bläschen sprudelnd aufsteigen. Je vier Röllchen auf einmal in 1–3 Min. knusprig und goldbraun ausbacken – diese mithilfe eines Löffels wenden und gut aufpassen: Das Bräunen geht schnell! Die Sigara Böreği mit einem Schaumlöffel herausheben und auf Küchenpapier abtropfen lassen. Zügig nacheinander alle Röllchen frittieren und warm servieren.

TIPP
Yufka- oder Filoteig gibt es in den unterschiedlichsten Zuschnitten: rund, quadratisch, rechteckig oder – praktisch für Sigara Böreği – in dreieckiger Form mit einem abgerundeten Rand (Üçgen Yufka). Diese Dreiecke sind allerdings etwas kleiner als die im Rezept angegebenen Teigstücke. Man nimmt hierfür also jeweils etwas weniger Füllung und erhält ein paar mehr, dafür aber kürzere Röllchen.

Das Rollen der Weinblätter geht am besten im Teamwork. Ich mache sie oft mit meiner Mutter, aber du solltest hierbei auch ruhig mal die ganze Familie einspannen. Und keine Angst, es ist noch kein Meister vom Himmel gefallen – nach 2 bis 3 Röllchen Übung werden sie fast perfekt!

SARMA – GEFÜLLTE WEINBLÄTTER

FÜR 6 PERSONEN • **ZUBEREITUNG:** 1 Std. • **GAREN:** 45 Min. • **PRO PORTION:** ca. 355 kcal

300 g eingelegte Weinblätter
(vakuumverpackt; aus dem türkischen Lebensmittelladen)
250 g Reis
3 EL kleine Korinthen
1 große Zwiebel
30 g Walnusskerne
8 EL Olivenöl
½ TL Zimtpulver
¼ TL gemahlener Piment
2 Msp. gemahlene Nelken
Salz
½ TL Zucker
2 Zitronen
1 Bund glatte Petersilie
1 Bund Dill
Pfeffer

1. Die Weinblätter in einer Schüssel mit lauwarmem Wasser voneinander lösen. Einzeln herausnehmen, trocken tupfen und mit der Blattaußenseite nach oben auf einem sauberen Tuch auslegen. Unschöne, zerrissene Blätter auf dem Boden eines weiten Topfes auslegen.

2. Reis und Korinthen 10 Min. in heißem Wasser ziehen lassen. Abgießen, kalt abbrausen und abtropfen lassen. Inzwischen die Zwiebel schälen und fein würfeln, Walnüsse nicht zu fein hacken. 4 EL Öl in einer Pfanne erhitzen, darin die Zwiebel goldgelb andünsten. Walnüsse und Korinthenreis zugeben und unter Rühren 1 Min. andünsten. Gewürze, ¾ TL Salz, Zucker und 180 ml Wasser unterrühren und alles einmal aufkochen. Dann den Reis bei kleinster Hitze zugedeckt 10–15 Min. garen, bis er noch sehr bissfest und nicht vollständig ausgequollen ist.

3. Zitronen halbieren und den Saft auspressen. Kräuter waschen, trocken schütteln, Blättchen bzw. Spitzen fein hacken und unter die Reismasse mischen. Mit Salz, Pfeffer und etwas Zitronensaft abschmecken. Jeweils 1 TL davon mittig auf das untere breite Ende eines Weinblattes geben. Die Blattseiten links und rechts über die Füllung schlagen, dann das Blatt von unten nicht zu straff (der Reis quillt noch) nach oben aufrollen. Dabei die Füllung leicht in Form drücken. So die gesamte Reismasse verarbeiten. Übriggebliebene Blätter ebenfalls auf dem Topfboden auslegen.

4. Die Röllchen mit der offenen Seite nach unten dicht an dicht in den Topf legen und so viel Wasser zugießen, dass sie gerade davon bedeckt sind. Das übrige Öl und den Zitronensaft darübergießen, dann alles mit einem Teller beschweren. Die Weinblätter bei kleiner Hitze in 30 Min. zugedeckt garen, warm oder abgekühlt servieren.

YAYLA ÇORBASI – JOGHURTSUPPE

FÜR 4 PERSONEN • **ZUBEREITUNG:** 40 Min. • **PRO PORTION:** ca. 420 kcal

100 g Reis
1 große Zwiebel
60 g Butter
1,2 l Fleischbrühe (ersatzweise
   Gemüsebrühe)
Salz – Pfeffer
300 g türkischer Joghurt
   (10 % Fett; ersatzweise griechischer Joghurt)
1 ½ TL Speisestärke
2 Eier (M)
5 Zweige Minze
1 Spritzer Zitronensaft (nach
   Belieben)
½ TL gemahlener Kreuzkümmel

1. Den Reis in ein Sieb geben, gründlich unter fließendem kaltem Wasser abspülen und gut abtropfen lassen. Die Zwiebel schälen und fein würfeln. 30 g Butter in einem großen Topf zerlassen, darin die Zwiebel bei kleiner bis mittlerer Hitze goldgelb dünsten – sie sollte nicht bräunen. Mit Brühe ablöschen. Den Reis unterrühren, mit Salz und Pfeffer würzen und zugedeckt bei kleiner Hitze in 25–30 Min. garen.

2. Inzwischen Joghurt, Stärke und Eier in einer großen Schüssel mit dem Schneebesen glatt rühren. Die Minze waschen und trocken schütteln, die Blättchen abzupfen und grob schneiden.

3. Den Topf vom Herd nehmen. Eine Kelle Suppe abnehmen und mit dem Schneebesen unter die Joghurtmasse rühren. Die Suppe kurz abkühlen lassen, dann die Joghurtmasse zugeben und unterrühren. Den Topf wieder auf den Herd stellen und die Suppe unter ständigem Rühren erhitzen, bis sie schön andickt – sie darf aber auf gar keinen Fall zu heiß werden und kochen, sonst gerinnt das Ei. Alles mit Salz, Pfeffer und nach Belieben etwas Zitronensaft abschmecken.

4. Die übrige Butter in einer kleinen Pfanne kurz aufschäumen lassen, Kreuzkümmel unterrühren. Die Suppe auf Teller verteilen, mit Kreuzkümmelbutter beträufeln und mit Minze bestreut servieren.

TIPP
Yayla Çorbası – Almsuppe – ist ein echter Klassiker der türkischen Küche, den man je nach Jahreszeit warm oder kalt essen kann. Normalerweise wird die Suppe einfach mit zerlassener Butter beträufelt, in die man 1 EL zerriebene, getrocknete Minze rührt und mitaufschäumt.

Manchmal denke ich, ich bin als Säugling nicht mit Milch, sondern mit Joghurtsuppe großgezogen worden – ich habe sie wirklich literweise gegessen, bzw. fast getrunken. Weil mein Vater ein echter Kräuternarr ist, kommt auf unsere Suppe immer reichlich frische Minze oder auch mal Dill.

TÜRKISCHE KOHLROULADEN

FÜR 8 PERSONEN • **ZUBEREITUNG:** 1 Std. • **GAREN:** 2 Std. • **PRO PORTION:** ca. 350 kcal

250 g Reis
1 großer Weißkohl (ca. 2 kg)
2 große Zwiebeln
1 großes Bund glatte Petersilie
250 g Rinderhackfleisch
2 EL Tomatenmark
2 EL Paprikamark (aus dem Bio-
    oder türkischen Lebensmittel-
    laden)
200 g passierte Tomaten (aus dem
    Tetrapak)
800 ml Fleischbrühe (ersatzweise
    Gemüsebrühe)
7 EL Olivenöl
¾ TL getrockneter Oregano
1 EL getrocknete Minze
Salz – Pfeffer
Pul biber (aus dem türkischen
    Lebensmittelladen)

TIPP

Damit man den inneren Teil des
Kohls nicht wegwerfen muss,
diesen klein schneiden und auf
dem Boden von Pfanne oder
Form verteilen, die Röllchen
dann einfach darauflegen.

1. Den Reis in einer Schüssel mit kochendem Wasser übergießen und zie-hen lassen. Inzwischen den Weißkohl waschen. Äußere unschöne Blätter entfernen, den Strunk herausschneiden. In einem großen Topf Wasser auf-kochen. Den Kohlkopf hineingeben und garen, bis sich die ersten Blätter lösen und weich werden. Dabei den Kohl gelegentlich im Topf wenden. So nach und nach alle großen Blätter lösen.

2. Zwiebeln schälen und fein würfeln. Petersilie waschen, trocken schüt-teln und samt Stielen fein hacken, 1 EL beiseitelegen. Reis in ein Sieb abgie-ßen, kalt abbrausen und abtropfen lassen. Dann mit Hackfleisch, Zwiebeln, Petersilie, 1 EL Tomatenmark, Paprikamark, passierten Tomaten, 100 ml Brühe und 5 EL Öl vermengen. Die Masse mit Oregano, fein zerrie-bener Minze, Salz, Pfeffer und 1 TL Pul biber würzen.

3. Die Kohlblätter mit der Wölbung nach unten flach auslegen, den Strunk herausschneiden. Auf den unteren Teil eines Blattes längs 1 EL Füllung ge-ben, dabei einen großen Rand frei lassen. Die äußeren Kohlseiten links und rechts über die Füllung legen, dann das Kohlblatt vorsichtig von unten nach oben straff über die Füllung rollen. Die Röllchen mit der offenen Seite nach unten dicht an dicht in eine Auflaufform legen.

4. Den Backofen auf 200° vorheizen. Übriges Tomatenmark mit übriger Brühe verrühren, leicht salzen und pfeffern. Die Kohlrouladen damit über-gießen, sodass sie gut bedeckt sind, mit übrigem Öl beträufeln. Die Roula-den mit einem Deckel oder Alufolie abdecken und im heißen Ofen (Mitte) in 2 Std. garen, dabei falls nötig mit wenig Wasser übergießen, bzw. mit dem Garsud beträufeln. Die fertigen Rouladen mit der beiseitegelegten Pe-tersilie bestreuen und mit Fladenbrot servieren.

GRÜNE BÖREK-SCHNECKE

FÜR 6 PERSONEN • **ZUBEREITUNG:** 1 Std. • **BACKEN:** 35 Min. • **PRO PORTION:** ca. 405 kcal

250 g Yufkateig (ca. 10 rechteckige Blätter; ersatzweise
Filoteig)
750 g Mangold
1 große Zwiebel
1 Knoblauchzehe
4 EL Bratöl
Salz – Pfeffer
1 TL Gemüsebrühe (Instant)
200 g Schafskäse (Feta)
1 Bund Frühlingszwiebeln
1 Bund glatte Petersilie
3 Msp. edelsüßes Paprika-
pulver
100 g türkischer Joghurt
(10 % Fett; ersatzweise griechischer Joghurt)
50 ml Milch
1 Ei (M)
3 EL Olivenöl
1 TL Schwarzkümmel

1. Yufkateig 30 Min. Zimmertemperatur annehmen lassen. Inzwischen
Mangold waschen und putzen. Stiele klein würfeln, Blätter in ca. 1 cm breite Streifen schneiden. Zwiebel und Knoblauch schälen und fein würfeln.

2. In einer Pfanne 3 EL Bratöl erhitzen. Zwiebel und Knoblauch darin goldgelb andünsten. Mangoldstiele zugeben und unter Rühren anbraten. Mit
Salz, Pfeffer und Gemüsebrühpulver würzen, 4–5 EL Wasser unterrühren
und die Stiele 10 Min. dünsten. Mangoldblätter untermischen und alles
weitere 5–7 Min. dünsten. Lauwarm abkühlen lassen.

3. Währenddessen den Schafskäse fein zerkrümeln. Frühlingszwiebeln
waschen, putzen und mit dem Grün in feine Ringe schneiden. Petersilie
waschen, trocken schütteln und samt Stielen fein schneiden. Alles mit dem
Mangold mischen und mit Salz, Pfeffer und Paprikapulver abschmecken.

4. Den Backofen auf 180° vorheizen. Eine Tarteform (28 cm ø) mit Bratöl
ausstreichen. Joghurt, Milch, Ei und Olivenöl verquirlen. Die Teigblätter
gleichmäßig dünn damit bestreichen, etwas Joghurtmischung übrig lassen.
Die Mangoldmasse in zehn Portionen teilen. Jeweils eine Portion als Streifen unten auf der Längsseite eines Teigblattes auslegen, dabei nach unten
3 cm, an den Seiten jeweils 2 cm frei lassen. Die Ränder links und rechts
über die gesamte Teigblattlänge über die Füllung schlagen, anschließend
den Teig von unten nach oben aufrollen.

5. So den gesamten Teig und die Füllung verarbeiten. Die Rollen mit der
Naht nach unten von außen nach innen schneckenförmig in die Form legen. Die Oberfläche mit der übrigen Joghurtmischung bepinseln und mit
Schwarzkümmel bestreuen. Die Börek-Schnecke im heißen Ofen (Mitte) in
ca. 35 Min. goldbraun backen.

Dieses »Schnecken-Börek« macht zwar mehr Arbeit als normales Börek, bei dem die Füllung wie bei einer Pastete einfach zwischen zwei Teigschichten eingepackt wird. Aber dafür sieht das fertige Gericht super aus und wird zudem herrlich saftig.

DORADEN AUF KARTOFFELBETT

FÜR 4 PERSONEN • **ZUBEREITUNG:** 30 Min. • **GAREN:** 45 Min. • **PRO PORTION:** ca. 670 kcal

4 küchenfertige Doraden
  (à ca. 350 g)
1 Bund glatte Petersilie
1 Bio-Zitrone
1 Zwiebel
1 Tomate
1 kg festkochende Kartoffeln
7 EL Olivenöl
½ TL gemahlener Kreuzkümmel
1 TL edelsüßes Paprikapulver
3 Knoblauchzehen
5 Zweige Thymian
2 lange scharfe grüne türkische
  Paprika
Salz – Pfeffer

1. Die Doraden unter fließendem kaltem Wasser säubern, innen und außen gut trocken tupfen. Die Haut schräg 3–4-mal tief einschneiden. Petersilie waschen und trocken schütteln. Je 1–2 größere Stängel in die Bauchhöhlen stecken. Die Zitrone heiß waschen, aus der Mitte 2 Scheiben herausschneiden und diese halbieren. Den Saft aus den übrigen Hälften auspressen. Zwiebel schälen und in dünne Ringe schneiden. Die Tomate waschen und in dicke Scheiben schneiden, diese halbieren und mit je 2 Zwiebelringen und ½ Zitronenscheibe ebenfalls in die Bauchhöhlen stecken.

2. Kartoffeln schälen, in 4 mm dünne Scheiben schneiden und 10 Min. in eine Schüssel mit kaltem Wasser legen. Inzwischen 3 EL Olivenöl, 2 EL Zitronensaft, Kreuzkümmel und Paprikapulver verrühren. 1 Knoblauchzehe schälen und dazu pressen. Das Würzöl in den Einschnitten und auf der Haut der Fische verteilen. Thymian waschen, trocken schütteln, Blättchen abzupfen und fein hacken. Übrigen Knoblauch schälen und in dünne Scheiben schneiden. Paprika waschen, quer halbieren, weiße Trennwände und Kerne entfernen und die Hälften in Ringe schneiden.

3. Den Backofen auf 200° vorheizen. Kartoffeln in ein Sieb gießen, kalt abbrausen und trocken tupfen. Auf einem Blech mit übrigem Öl, übrigen Zwiebelringen, Thymian, Knoblauch und Paprika mischen. Mit Salz und Pfeffer würzen. Die Kartoffeln im heißen Ofen (Mitte) 15–20 Min. garen. Das Blech herausnehmen, die Doraden auf die Kartoffeln legen und alles weitere 20–25 Min. garen. Inzwischen die Blättchen der übrigen Petersilie abzupfen und fein hacken. Das Blech aus dem Ofen nehmen, alles mit Petersilie bestreuen und servieren.

KEBAB-HACKBRATEN

FÜR 4 PERSONEN • **ZUBEREITUNG:** 25 Min. • **GAREN:** 45 Min. • **PRO PORTION:** ca. 585 kcal

400 g Rinderhackfleisch

400 g Lammhackfleisch (ersatzweise Rinderhackfleisch)

2 Zwiebeln

2 Knoblauchzehen

2 grüne türkische Paprika

1 Bund glatte Petersilie

½ TL getrockneter Oregano

1 ⅓ TL gemahlener Kreuz-
kümmel

2 TL edelsüßes Paprikapulver

1 TL Pul biber (aus dem türkischen Lebensmittelladen)

Salz – Pfeffer

40 g Butter

200 g passierte Tomaten (aus dem
Tetrapak)

2 milde grüne türkische Peperoni
(nach Belieben)

2 Tomaten (nach Belieben)

1. Das Hackfleisch in eine große Schüssel geben. Zwiebeln und Knoblauch schälen und fein würfeln. Die Paprika waschen, halbieren, weiße Trennwände und Kerne entfernen und die Hälften in 5 mm große Würfel schneiden. Petersilie waschen, trocken schütteln, von groben Stielen befreien und fein schneiden, 1 EL beiseitelegen. Die vorbereiteten Zutaten mit Oregano, Kreuzkümmel, Paprikapulver, Pul biber, ¾ TL Salz und Pfeffer zum Hackfleisch geben. Alles kräftig miteinander vermengen, bis eine homogene, glänzende Masse entstanden ist.

2. Die Butter zerlassen. Die Hackmischung in eine Tarteform (26–28 cm ø) geben und gleichmäßig auf dem Boden festdrücken. Das Hackfleisch mit einem Messer diagonal in 8 Tortenstücke teilen, dabei die Masse tief einschneiden und die Einschnitte leicht auseinanderdrücken. Die zerlassene Butter auf das Hackfleisch gießen und mit einem Backpinsel gleichmäßig darauf verteilen. Etwas fest werden lassen.

3. Den Backofen auf 200° vorheizen. Passierte Tomaten mit 100 ml Wasser verdünnen, salzen und pfeffern. Falls verwendet, Peperoni waschen, halbieren, weiße Trennwände und Kerne entfernen. Tomaten ebenfalls waschen, quer in 6 mm dicke Scheiben schneiden, dabei die Stielansätze entfernen. Die Scheiben nochmals halbieren.

4. Passierte Tomaten auf den Hackkuchen gießen und verteilen. Tomaten und Peperonihälften (Schnittseite nach unten) darauf verteilen und etwas eindrücken. Den Hackbraten im heißen Ofen (Mitte) in 40–45 Min. garen. Herausnehmen, kurz ruhen lassen und in Stücke schneiden. Mit beiseitegelegter Petersilie bestreuen und mit Reis oder Fladenbrot servieren.

Statt gewürztes Hackfleisch mit Paprika- und Zwiebelstücken mühsam auf Spieße zu stecken, kommt hier alles zusammen als Hackbraten in die Form – die heißt im Türkischen übrigens »Tepsi«, weshalb das Gericht auch als »Tepsi Kebabı« bekannt ist.

HÄHNCHENFLEISCH MIT KICHERERBSEN

FÜR 4 PERSONEN • **ZUBEREITUNG:** 25 Min. • **GAREN:** 1 Std. 15 Min. •
PRO PORTION: ca. 680 kcal

4 Hähnchenkeulen (à ca. 300 g)

Salz – Pfeffer

2 Zwiebeln

3 Knoblauchzehen

4 EL Olivenöl

1 Stange Zimt

2 Dosen stückige Tomaten
  (à 400 g)

¾ TL gemahlener Kreuzkümmel

3 Msp. Chilipulver

400 ml Hühnerbrühe (ersatzweise
  Hühnerfond aus dem Glas)

8 getrocknete Aprikosen

1 Dose Kichererbsen (400 g)

1 TL Honig

½ Bund glatte Petersilie

1. Die Hähnchenkeulen trocken tupfen, salzen und pfeffern. Zwiebeln und Knoblauch schälen und getrennt voneinander fein würfeln. Öl in einer weiten Pfanne mit hohem Rand erhitzen, darin die Keulen rundum braun anbraten. Herausnehmen, eventuell etwas von dem Bratfett weggießen. Dann Zwiebeln mit Zimt im übrigen Fett goldgelb andünsten, gegen Ende den gewürfelten Knoblauch zugeben.

2. Tomaten, Kreuzkümmel und Chilipulver unterrühren. Alles salzen, pfeffern und offen bei mittlerer Hitze in 10 Min. leicht einkochen lassen. Dann die Brühe unterrühren. Die Hähnchenkeulen einlegen (den ausgetretenen Bratsaft zugeben) und gut in die Sauce drücken. Das Fleisch zugedeckt ca. 1 Std. bei kleiner Hitze garen.

3. Inzwischen die Aprikosen in dünne Streifen oder kleine Stücke schneiden. Kichererbsen in ein Sieb abgießen und abtropfen lassen, dabei die Einlegeflüssigkeit auffangen. Kichererbsen mit den Aprikosen und falls nötig etwas Kichererbsenwasser unter die Tomatensauce rühren. Mit Salz, Pfeffer und Honig abschmecken und alles nochmals 15 Min. bei kleiner Hitze zugedeckt schmoren lassen.

4. Währenddessen die Petersilie waschen, trocken schütteln, die Blättchen abzupfen und nicht zu fein hacken. Das fertige Gericht mit der Petersilie bestreuen und mit Reis oder Fladenbrot servieren.

Seit meine beiden Jungs da sind, ist mir noch stärker bewusst als früher, was meine eigene Mutter geleistet hat: Trotz Berufstätigkeit hat sie immer lecker und gesund für uns gekocht. Dass man nicht täglich alles frisch zubereiten kann, ist klar. Aber ich bin erfinderisch geworden. Am liebsten koche ich schnelle, unkomplizierte Gerichte, die idealerweise Mama und Zwerge gleichermaßen happy machen: Köfte, in denen sich super gesundes Igitt-Gemüse verstecken lässt und bei denen meine Portion auch mal richtig scharf gewürzt sein darf. Oder Dattel-Bällchen, eine gesunde Nascherei für die Kleinen, die aber auch mir Energie zum Toben und Spielen geben. Und weil für mich Spaß beim Essen dazugehört, sind viele Gerichte schön bunt wie Papa Zekis Pide-Pizza – oder passen in Fingerfood-Größe prima in kleine Hände.

WORKING MUM

‹‹‹‹‹‹‹‹‹‹‹‹›››››››››››››

Jede Mutter mit Vollzeitjob weiß, wie schwer es
ist, Kinder, Beruf und Haushalt unter einen Hut
zu bekommen. Was hilft, ist ein Wochenplan,
abends vorzukochen und viel einzufrieren.

ZEKIS RATZFATZ-PIDE-PIZZA

FÜR 4 PERSONEN (2 Stück) • **ZUBEREITUNG:** 20 Min. • **BACKEN:** 15 Min. •
PRO PORTION: ca. 445 kcal

FÜR DIE PIDE-PIZZA:

1 Knoblauchzehe
2 EL Olivenöl
1 Dose stückige Tomaten (400 g)
⅓ TL getrockneter Oregano
Salz – Pfeffer
Zucker
1 türkisches Fladenbrot (Pide)
100 g geriebener Mozzarella

BELAG FÜR KIDS:

1 kleine Dose Mais (ca. 280 g
    Abtropfgewicht)
2 kleine rote Spitzpaprika
80 g Pastırma (aus dem türki-
    schen Lebensmittelladen)

BELAG FÜR ELTERN:

1 kleine rote Zwiebel
10 schwarze Oliven (entsteint)
6 eingelegte milde grüne türki-
    sche Peperoni
1 kleines Bund Basilikum
50 g Sucuk (in Scheiben; aus dem
    türkischen Lebensmittelladen)

1. Für die Pide-Pizza Knoblauch schälen und fein würfeln. Olivenöl in einem Topf erhitzen, darin den Knoblauch bei kleiner Hitze andünsten. Tomaten zugeben, mit Oregano, Salz, Pfeffer und 1 guten Prise Zucker würzen und 10 Min. offen bei kleiner bis mittlerer Hitze köcheln lassen. Inzwischen das Fladenbrot flach halbieren und mit den Schnittflächen nach oben auf ein mit Backpapier ausgelegtes Blech legen.

2. Für die Beläge den Mais in ein Sieb geben und abtropfen lassen. Die Paprika waschen, halbieren, weiße Trennwände und Kerne entfernen und die Hälften in knapp 1 cm große Würfel schneiden. Pastırma in Würfel oder Streifen schneiden. Die Zwiebel schälen und in dünne Ringe schneiden, Oliven ebenfalls in Ringe schneiden. Die Peperoni abtropfen lassen und nach Wunsch kleiner schneiden. Das Basilikum waschen, trocken schütteln und die Blätter nach Belieben kleiner zupfen.

3. Den Backofen auf 200° vorheizen. Die Fladenbrote auf der Schnittfläche mit der Tomatensauce bestreichen und mit je 25 g Mozzarella bestreuen. Die Kinderpizza mit Mais, Paprika und Pastırma belegen und erneut mit je 25 g Mozzarella bestreuen. Die Erwachsenenpizza mit Zwiebelringen, Oliven, Peperoni und Sucuk belegen und mit dem übrigen Käse bestreuen. Die beiden Pizzen im heißen Ofen (Mitte) 12–15 Min. backen, bis der Käse geschmolzen und leicht gebräunt ist. Herausnehmen, kurz abkühlen lassen und mit dem Basilikum bestreut servieren.

TIPP

Die Pide-Pizza lässt sich natürlich wie jede andere Pizza auch ganz nach Lust und Laune mit weiteren oder anderen Zutaten belegen.

Mein Vater ist ein echter Künstlertyp, der Farben und Gestaltung über alles liebt. Als Kind bekam ich mein Essen daher oft als Gesicht oder Muster auf dem Teller angerichtet. Entsprechend sieht auch seine Ratz-fatz-Pizza fast wie ein buntes Gemälde aus.

Dieses Gericht ist das perfekte Versteck für Gemüse – ich packe oft auch klein gehackte Gemüsereste vom Vortag wie Brokkoliröschen oder Paprikawürfel in die Köfte. Die Kinder können sie dann gleich als »Fingerfood« vom Teller schnappen.

GEMÜSE-KÖFTE

FÜR 4 PERSONEN • **ZUBEREITUNG:** 30 Min. • **RUHEN:** 30 Min. • **GAREN:** 30 Min. •
PRO PORTION: ca. 425 kcal

1 kleine Zwiebel
1 kleine Möhre
1 kleiner Zucchino
⅓ Bund glatte Petersilie
3 EL Olivenöl
Salz – Pfeffer
1 Scheibe Toastbrot
3 EL Milch
500 g Rinderhackfleisch
1 Ei (M)
1 TL edelsüßes Paprikapulver
3 EL Mais (aus der Dose)
100 g Mehl

1. Zwiebel schälen und fein hacken. Möhre schälen und fein raspeln, den Zucchino waschen, putzen und grob raspeln. Petersilie waschen, trocken schütteln, Blättchen abzupfen und fein hacken, 1 EL beiseitelegen.

2. Öl in einer beschichteten Pfanne erhitzen, darin die Zwiebel goldgelb andünsten. Möhre und Zucchino zugeben und bei mittlerer bis großer Hitze unter Rühren braten, bis die Zucchiniraspel leicht bräunen und so viel Flüssigkeit wie möglich verdunstet ist. Petersilie unterrühren. Die Gemüsemischung salzen, pfeffern, vom Herd nehmen und abkühlen lassen.

3. Inzwischen den Toast fein zerzupfen und mit der Milch vermengen. Hackfleisch mit Ei und Toast gut mit den Händen verkneten, bis eine glatte, homogene Masse entstanden ist. Alles kräftig mit Salz, Pfeffer und Paprikapulver würzen. Das abgekühlte Gemüse und den Mais untermengen, dann die Hackmasse 30 Min. zugedeckt in den Kühlschrank stellen.

4. Den Backofen auf 180° vorheizen, ein Blech mit Backpapier auslegen. Mehl in einen tiefen Teller geben. Aus der Hackmasse mit den Händen möglichst glatte Bällchen (3–4 mm ø) formen. Die Bällchen in Mehl wenden, überschüssiges Mehl abschütteln. Die Köfte auf dem Blech verteilen und im heißen Ofen (Mitte) 25–30 Min. braten, zwischendurch 1–2-mal wenden. Die Köfte mit Petersilie bestreut servieren.

TIPP
Damit die Mamas etwas spannender und schön würzig essen können, unter die Hälfte der Hackmasse ⅓ TL Zimtpulver, ½ TL gemahlenen Kreuzkümmel und 4–5 Prisen Pul biber mischen – dann nur aufpassen, dass die Bällchen nicht durcheinandergeraten!

MÖHREN-CACIK

FÜR 4 PERSONEN • **ZUBEREITUNG:** 25 Min. • **PRO PORTION:** ca. 325 kcal

60 g Walnusskerne
4 große, dicke Möhren (ca. 500 g)
2 Knoblauchzehen
2 EL Olivenöl
Salz – Pfeffer
⅓ TL gemahlener Kreuzkümmel
¼ TL Pul biber (nach Belieben;
   aus dem türkischen Lebensmittelladen)
½ Bund Dill
250 g türkischer Joghurt
   (10 % Fett; ersatzweise griechischer Joghurt)
2 EL Mayonnaise
3 Spritzer Zitronensaft

1. Walnusskerne in einer Pfanne ohne Fett rösten, bis sie leicht bräunen und duften, dann herausnehmen und abkühlen lassen. Inzwischen die Möhren schälen und grob raspeln. Knoblauch schälen und fein würfeln.

2. Das Olivenöl in einer beschichteten Pfanne erhitzen, darin den Knoblauch kurz andünsten. Die Möhrenraspel zugeben und unter Rühren bei mittlerer Hitze 4–5 Min. braten, bis sie weich sind und möglichst viel Flüssigkeit verdampft ist. Möhren mit Salz, Pfeffer, Kreuzkümmel und nach Belieben Pul biber würzen. Abkühlen lassen.

3. Währenddessen die Walnusskerne grob hacken. Den Dill waschen und trocken schütteln. Die Spitzen abzupfen und nicht zu fein hacken. Joghurt und Mayonnaise verrühren. Abgekühlte Möhren, Walnüsse und Dill (bis auf einen kleinen Rest) unterrühren. Das Möhren-Cacık mit Salz, Pfeffer und Zitronensaft abschmecken. Mit dem übrigen Dill bestreuen und servieren. Das Cacık schmeckt als Vorspeise zu Brot oder als Beilage zu gebratenem oder gegrilltem Fleisch und Köfte.

TIPP
Für klassisches Cacık 2 Mini-Salatgurken schälen, in 5 mm große Würfel schneiden, mit 1 guten Prise Salz mischen und 15 Min. ziehen lassen. 300 g türkischen oder griechischen Joghurt (10 % Fett), 4 EL Milch und 2 EL Olivenöl glatt verrühren. 1 Knoblauchzehe schälen und dazupressen. ½ Bund Dill waschen und trocken schütteln. Die Spitzen abzupfen und grob hacken. Die Gurken leicht ausdrücken, mit Dill unter den Joghurt rühren und mit Salz, Pfeffer und 2 Spritzern Zitronensaft würzen. 20 Min. im Kühlschrank durchziehen lassen.

MÜCVER – ZUCCHINIPUFFER

FÜR 4 PERSONEN • **ZUBEREITUNG:** 50 Min. • **PRO PORTION:** ca. 255 kcal

750 g kleine Zucchini
Salz
4 Frühlingszwiebeln
1 Bund Dill
1 Bund glatte Petersilie
100 g Schafskäse (Feta; ersatzweise 80 g türkischer Kaşar-Käse)
4 Eier (M)
Pfeffer
3 Msp. Pul biber (nach Belieben; aus dem türkischen Lebensmittelladen)
4 EL Mehl
¼ TL Backpulver

AUSSERDEM:
Öl zum Braten

1. Zucchini waschen, putzen und grob raspeln. Die Zucchiniraspel salzen, in ein Sieb geben und 15–30 Min. Wasser ziehen lassen. Anschließend sämtliche Flüssigkeit ausdrücken.

2. Inzwischen die Frühlingszwiebeln waschen, putzen und mit dem Grün in feine Ringe schneiden. Dill und Petersilie waschen und gut trocken schütteln. Die Spitzen und Blättchen abzupfen und fein schneiden. Feta mit einer Gabel fein zerdrücken (alternativ den Kaşar-Käse fein reiben).

3. Eier in einer großen Schüssel verquirlen. Kräuter, Frühlingszwiebeln, Käse und ausgedrückte Zucchiniraspel zugeben. Alles verrühren und mit Salz, Pfeffer und nach Belieben Pul biber pikant würzen. Mehl mit Backpulver mischen und unterrühren.

4. In einer beschichteten Pfanne reichlich Öl erhitzen. Pro Puffer je 1 gehäuften EL Zucchinimasse hineingeben und etwas platt streichen. Die Puffer portionsweise auf beiden Seiten bei mittlerer Hitze in 2–5 Min. goldbraun braten. Die Mücver aus der Pfanne nehmen und auf Küchenpapier abtropfen lassen. Bereits fertige Puffer bei 90° im Ofen warm halten. So den gesamten Teig verarbeiten. Die Zucchinipuffer mit Pfeffer bestreuen und mit Joghurtdip (z. B. Cacık) servieren.

TIPP
Anstelle von Puffern kann man aus dem Teig auch kleine Muffins backen: Dazu die Mulden einer 12-er-Muffinform dick mit Butter ausstreichen und den Teig hineinfüllen. Im vorgeheizten Ofen bei 200° (Mitte) in 20–25 Min. goldbraun backen. Kurz abkühlen lassen, dann die Muffins vorsichtig mithilfe eines Messers herauslösen – das geht übrigens in einer Silikonform besonders gut. Die Mücver-Muffins eignen sich auch kalt super zum Mitgeben als Pausensnack oder für ein Picknick.

KARTOFFELPLÄTZ-CHEN MIT ERBSEN

FÜR 4 PERSONEN • **ZUBEREITUNG:** 45 Min. • **PRO PORTION:** ca. 195 kcal

600 g mehligkochende Kartoffeln
1 kleine Zwiebel
1 EL Butter
100 g TK-Erbsen
Salz – Pfeffer
5 Stängel glatte Petersilie
1 Eigelb (M)
1 EL Mehl
1 EL Speisestärke

AUSSERDEM:
Öl zum Braten

1. Die Kartoffeln gründlich waschen. Dann in einem Topf in ausreichend Wasser 15–20 Min. kochen, sodass sie gerade gar sind. Wasser abgießen und die Kartoffeln im Topf kurz auf der noch heißen Herdplatte ausdampfen lassen, anschließend abkühlen lassen.

2. Inzwischen die Zwiebel schälen und fein würfeln. Butter in einer Pfanne zerlassen, darin die Zwiebel goldgelb andünsten. Gefrorene Erbsen und 2–3 EL Wasser zugeben. Alles salzen, pfeffern und bei kleiner Hitze in 5–7 Min. garen, bis das Wasser vollständig verdunstet ist. Abkühlen lassen.

3. Petersilie waschen und trocken schütteln. Die Blättchen abzupfen und fein hacken. Kartoffeln pellen und mit dem Kartoffelstampfer fein zerdrücken. Erbsen-Zwiebel-Mischung, Petersilie, Eigelb, Mehl und Stärke zugeben. Alles mit Salz und Pfeffer würzen und mit den Händen zu einem Teig verkneten. Daraus 12–16 flache, ovale Plätzchen formen.

4. Eine weite Pfanne mit hohem Rand ca. 1 cm hoch mit Öl befüllen und erhitzen. Die Kartoffelplätzchen darin portionsweise in 3–4 Min. pro Seite knusprig braun braten. Auf Küchenpapier abtropfen lassen und servieren.

Für mich darf es ruhig würziger sein: Deshalb menge ich unter die Hälfte des Teiges 2–3 Msp. Pul biber und ¼ TL gemahlenen Kreuzkümmel. Wenn ich faul bin, lasse ich Mehl und Ei weg und drücke nur die Kartoffelmasse zu ungebratenen Klößchen zusammen – ähnlich wie Linsen-Köfte.

Naschen muss ab und zu sein – vor allem, wenn man zwei Wirbelwinde wie meine beiden Jungs um sich hat. Prima, wenn es dann so gesund zugeht wie bei diesen Bällchen – die geben nicht nur einen schnellen Energiekick, sondern sind auch echte Nervennahrung für Mami.

DATTEL-ENERGIE-BÄLLCHEN

Für 20 Stück • **ZUBEREITUNG:** 25 Min. • **PRO STÜCK:** ca. 65 kcal

50 g Cashewkerne

40 g Walnusskerne

25 g Kokosraspel

100 g weiche getrocknete Datteln
  (z. B. Medjool)

3 EL Mandelmus (ersatzweise
  Cashew-Mus)

⅓ TL Zimtpulver

⅓ TL gemahlener Kardamom

½ TL Kakaopulver

AUSSERDEM:
50 g Kokosraspel zum Wälzen
  (nach Belieben)

1. Cashews, Walnüsse und Kokosraspel im Blitzhacker fein zerkleinern, dann in eine Schüssel füllen. Datteln aufschneiden, entsteinen und das Fruchtfleisch grob klein schneiden. Mit dem Mandelmus zu der Nussmischung geben, Zimt, Kardamom und Kakao untermischen. Alles portionsweise im Blitzhacker zu einer klebrig-festen Masse pürieren – nicht zu viel auf einmal einfüllen, sonst läuft die Maschine heiß.

2. Die Dattelmasse in 20 gleich große Portionen teilen. Daraus mit den Händen kleine, glatte Bällchen formen. Nach Belieben Kokosraspel in einen tiefen Teller geben und die Bällchen darin wälzen, dabei die Kokosraspel leicht andrücken. In eine luftdicht verschließbare Dose gefüllt, halten sich die Bällchen an einem kühlen Ort oder im Kühlschrank gut 1 Woche.

TIPP
Auch gehackte oder im Blitzhacker zerkleinerte ungesalzene Pistazienkerne eignen sich perfekt zum Wälzen der Dattel-Bällchen.

Hand aufs Herz, komplett verzichten kann ich persönlich nicht auf Fleisch, im Moment zumindest. Doch auch wenn ich bei Würstchen immer noch nicht widerstehen kann – jedes Mal, wenn ich für meinen Mann und die Familie vegetarisch koche, kann ich mir besser vorstellen selbst Vegetarierin zu werden. Vor allem die orientalische Küche bietet eine Vielzahl an superleckeren, gesunden Veggie-Gerichten, die rundum satt und zufrieden machen: Getreide wie Reis und Bulgur, Hülsenfrüchte und Milchprodukte ergänzen sich zu einer ausgewogenen Mahlzeit. Da braucht es gar keinen Tofu oder Sojawürstchen! Die zählen nämlich nicht unbedingt zu unseren Favoriten. Dafür koche ich gerne mal Soja- oder Kichererbsennudeln zum Gemüse, die man glücklicherweise in immer mehr Supermärkten findet und die richtig Eiweißpower geben – auch auf dem Fußballfeld.

KOCHEN FÜR DEN LIEBSTEN

Schon von Kindesbeinen an isst mein Mann
vegetarisch. Dem gerecht zu werden, ist für mich
eine kleine Challenge in der Küche, aber auch
ein Liebesbeweis, der uns allen schmeckt.

VEGGIE-DÖNER

FÜR 4 PERSONEN • **ZUBEREITUNG:** 35 Min. • **GAREN:** 40 Min. • **PRO PORTION:** ca. 570 kcal

FÜR DAS GEMÜSE:

2 kleine Zucchini
1 Knolle Fenchel
1 Möhre
2 Stangen Staudensellerie
1 rote Paprika
1 rote Zwiebel
1 ½ Knoblauchzehen
4 EL Olivenöl
¾ TL gemahlener Kreuzkümmel
½ TL getrockneter Oregano
½ TL Pul biber (aus dem türkischen Lebensmittelladen)
Salz – Pfeffer

FÜR DIE SAUCE:

1 Zitrone
½ Knoblauchzehe
3 EL Tahin (Sesampaste)
150 g türkischer Joghurt
(10 % Fett; ersatzweise griechischer Joghurt)
Salz – Pfeffer

AUSSERDEM:

1 Bund glatte Petersilie
4 kleine Pide-Fladenbrote (ersatzweise 1 großes Fladenbrot)
Pul biber zum Bestreuen (nach Belieben; aus dem türkischen Lebensmittelladen)

1. Den Backofen auf 220° vorheizen. Das Gemüse waschen und putzen. Zucchini längs halbieren, die Hälften quer in 1,5 cm breite Stücke schneiden. Fenchel längs achteln und den Strunk so herausschneiden, dass die einzelnen Spalten noch zusammenhalten. Möhre schälen und schräg in 3 mm dicke Scheiben schneiden, Staudensellerie leicht schräg in 1 cm breite Stücke schneiden. Paprika halbieren, weiße Trennwände und Kerne entfernen und die Hälften in 2 × 3 cm große Stücke schneiden. Die Zwiebel schälen und längs in 1 cm breite Spalten schneiden, den Knoblauch ebenfalls schälen und in Scheiben schneiden.

2. Das vorbereitete Gemüse, Zwiebel und Knoblauch auf ein Blech geben und mit Olivenöl, Kreuzkümmel, Oregano und Pul biber mischen. Alles salzen und pfeffern, dann im Ofen (Mitte) in 35–40 Min. garen, zwischendurch einmal gut durchrühren.

3. Inzwischen für die Sauce die Zitrone halbieren und den Saft auspressen. Knoblauch schälen und grob hacken. Knoblauch, Tahin, Joghurt und die Hälfte des Zitronensafts mit dem Pürierstab cremig mixen, dabei nach und nach so viel eiskaltes Wasser zugeben, bis eine dickflüssige Sauce entstanden ist. Mit Salz, Pfeffer und Zitronensaft abschmecken.

4. Petersilie waschen und trocken schütteln. Die Blättchen abzupfen und grob hacken. Die Pidefladen öffnen, alternativ das große Fladenbrot vierteln und die Viertel bis zum Rand aufschneiden. Das Gemüse aus dem Ofen nehmen und kurz ruhen lassen. Dann die Hälfte der Petersilie untermischen. Das Gemüse in die Pide oder das Fladenbrot füllen, mit Sauce beträufeln, mit übriger Petersilie und nach Wunsch Pul biber bestreuen.

LETSCHO VON SAMIS MUTTER

FÜR 4 PERSONEN (4 Gläser à 250 ml) • **ZUBEREITUNG:** 15 Min. • **GAREN:** 25 Min. •
PRO PORTION: ca. 135 kcal

250 g Zwiebeln
3 Knoblauchzehen
500 g Tomaten
750 g hellgelbe ungarische Spitz-
    paprika
3 EL Olivenöl
Salz – Pfeffer

AUSSERDEM:
2 Stängel glatte Petersilie (nach
    Belieben)

1. Die Zwiebeln schälen, halbieren und in Ringe schneiden. Knoblauch ebenfalls schälen und fein hacken. Die Tomaten waschen, halbieren, von Stielansatz und Kernen befreien und 1–2 cm groß würfeln. Die Spitzpaprika waschen, halbieren, weiße Trennwände und Kerne entfernen und die Hälften quer in ca. 5 mm dicke Streifen schneiden.

2. Das Öl in einem Topf erhitzen. Die Zwiebeln darin bei mittlerer Hitze in ca. 5 Min. unter gelegentlichem Rühren goldgelb andünsten. Den Knoblauch zugeben und kurz mitdünsten. Dann die Tomaten und Paprika einrühren und das Letscho kräftig mit Salz und Pfeffer würzen. Alles unter häufigem Rühren ca. 20 Min. bei niedriger bis mittlerer Hitze zugedeckt köcheln lassen, bis das Gemüse weich ist.

3. Das Letscho erneut kräftig mit Salz und Pfeffer abschmecken. Die Petersilie (falls verwendet) abbrausen und trocken schütteln. Die Blättchen abzupfen, in feine Streifen schneiden und das Letscho damit garnieren – entweder frisch mit Reis oder Bulgur servieren oder noch heiß in saubere Einmachgläser abfüllen und gut verschließen. So gelagert hält sich das Letscho im Kühlschrank mehrere Wochen.

TIPP
Die milden hellgelben ungarischen Paprika sind für dieses Gericht ideal (es gibt sie häufig abgepackt in Supermärkten). Alternativ kann man auch dünnwandige hellgrüne türkische Paprika verwenden. Wer nicht vegetarisch essen möchte, brät noch etwas würzige Sucuk aus und rührt sie samt Bratfett am Ende unter das Letscho.

Dieses leckere sommerliche Rezept, das türkischen Paprikagerichten ähnelt, stammt von meiner ungarischen Schwiegermutter. Besonders praktisch finde ich die leichte Konservierbarkeit. Wir kochen Letscho immer in großen Mengen und füllen es anschließend in kleinere Portionen ab.

GEFÜLLTE AUBERGINEN

FÜR 4 PERSONEN • **ZUBEREITUNG:** 35 Min. • **GAREN:** 40 Min. • **PRO PORTION:** ca. 525 kcal

4 Auberginen (à ca. 250 g)

4 große Tomaten

2 Zwiebeln

2 Knoblauchzehen

2 EL Pinienkerne

2 EL Tomatenmark

250 g grober Bulgur

3 EL Rosinen

1 TL getrocknete Minze

½ TL gemahlener Kreuzkümmel

¼ TL Zimtpulver

200 g Schafskäse (Feta)

250 g stückige Tomaten (aus dem
    Tetrapak)

¼ TL getrockneter Oregano

Salz – Pfeffer

AUSSERDEM:

Olivenöl zum Braten

1. Auberginen waschen, putzen und längs halbieren. Reichlich Öl in einer beschichteten Pfanne erhitzen. Darin die Auberginenhälften auf beiden Seiten 5–7 Min. anbraten. Herausnehmen und abkühlen lassen. Anschließend die Auberginen mit einem Löffel so aushöhlen, dass ein ca. 1 cm breiter Rand stehen bleibt. Das herausgekratzte Fruchtfleisch fein hacken.

2. Inzwischen die Tomaten waschen und ohne Stielansatz quer in dünne Scheiben schneiden, den Saft auffangen. Zwiebeln und Knoblauch schälen und getrennt voneinander fein würfeln. In einem Topf die Pinienkerne ohne Fett goldgelb rösten, dann herausnehmen. 2 EL Öl in dem Topf erhitzen und darin die Zwiebeln goldgelb andünsten. Dann den Knoblauch zugeben und 2 Min. mitdünsten. Das Tomatenmark unterrühren und kurz anrösten. Die Hälfte der Zwiebelmasse herausheben und in eine große, ofenfeste Auflaufform (ca. 30 × 20 cm) geben.

3. Die restliche Zwiebelmasse im Topf mit 350 ml Wasser verrühren. Tomatensaft, Auberginenfleisch, Bulgur, Rosinen, Minze, Kreuzkümmel und Zimt unterrühren. Alles zugedeckt bei kleiner Hitze 5 Min. garen. Währenddessen den Schafskäse klein würfeln. Stückige Tomaten, Oregano, 3 EL Olivenöl und 125 ml Wasser mit der Zwiebelmasse in der Form verrühren, mit Salz und Pfeffer würzen.

4. Pinienkerne und Schafskäse (bis auf einen kleinen Rest) unter die Bulgurmasse mischen und diese in die Auberginen füllen. Auberginen in der Form verteilen und mit den Tomatenscheiben leicht überlappend so belegen, dass die Oberfläche abgedeckt ist, alles salzen und pfeffern. Die Auberginen im heißen Ofen (Mitte) 30–40 Min. garen. Anschließend mit restlichen Pinenkernen und übrigem Feta bestreut servieren.

PILAW MIT BOHNENGEMÜSE

FÜR 4 PERSONEN • **ZUBEREITUNG:** 30 Min. • **QUELLEN:** 30 Min. • **GAREN:** 50 Min. •
PRO PORTION: ca. 755 kcal

FÜR DEN REIS:
300 g türkischer Rundkornreis
  (aus dem türkischen Lebensmittelladen)
Salz
5 EL Olivenöl
6 EL türkische Reisnudeln
  (aus dem türkischen Lebensmittelladen)
40 g Butter

FÜR DIE BOHNEN:
750 g breite grüne Bohnen
2 Zwiebeln
2 Knoblauchzehen
6 EL Olivenöl
1 EL Tomatenmark
250 g stückige Tomaten
  (aus dem Tetrapak)
Salz – Pfeffer
Zucker

1. Reis mit 1 TL Salz in einer Schüssel mit kochendem Wasser komplett bedecken. 30 Min. quellen lassen, dann in ein Sieb gießen, mit kaltem Wasser abbrausen und abtropfen lassen.

2. Inzwischen die Bohnen waschen, putzen und in ca. 5 cm lange Stücke schneiden. Zwiebeln und Knoblauch schälen und getrennt voneinander fein würfeln. Öl in einem Topf erhitzen, darin die Zwiebeln bei mittlerer Hitze goldgelb andünsten. Bohnen, Knoblauch, Tomatenmark und Tomaten unterrühren und mit Salz, Pfeffer und 1 TL Zucker würzen. Die Bohnen zugedeckt bei großer Hitze 5–7 Min. garen, dabei 1–2-mal umrühren. Am Ende sollte fast alle Flüssigkeit verkocht sein. 250 ml Wasser zugießen und die Bohnen zugedeckt bei mittlerer Hitze in 40–50 Min. fertig garen. Falls nötig, zwischendurch etwas Wasser zugießen.

3. Währenddessen für den Reis das Olivenöl in einem weiten Topf erhitzen. Die Reisnudeln zugeben und unter Rühren goldbraun braten. Butter zufügen und unter Rühren schmelzen und leicht aufschäumen lassen. Den abgetropften Reis zugeben und 2 Min. unter Rühren anbraten. Anschließend ca. 650 ml Wasser zugießen – es sollte knapp 1 cm über dem Reis stehen. Den Pilaw aufkochen und salzen, dann die Hitze auf die kleinste Stufe reduzieren. Den Topfdeckel in ein sauberes Geschirrtuch schlagen und so auflegen, dass kein Dampf entweichen kann. Den Reis in 20 Min. garen, bis er weich und das Wasser vollständig aufgesogen ist. Den Pilaw mit einer Gabel auflockern und zu den Bohnen servieren.

TIPP
Türkischer Rundkornreis (Pilavlık Pirinç) ist ideal für Pilaw – man bekommt ihn in türkischen Lebensmittelgeschäften – genau wie die ebenfalls benötigten kleinen reisförmigen Nudeln (Arpa Şehriye). Zur Not geht auch normaler Langkornreis (möglichst nicht parboiled) und als Ersatz für die Nudeln italienische Risoni- oder griechische Kritharaki-Nudeln.

Pilaw ist eines meiner absoluten Lieblingsge-
richte, das ich tatsächlich mehrmals in der
Woche essen könnte! In dieser Art zuberei-
teten Reis gibt es in der Türkei zu fast allen
Gemüse-, Fleisch- oder Fischgerichten. Ganz
nach dem Motto: nie ohne meinen Pilaw!

Auch wenn die Zubereitung ganz schön Arbeit macht: Ich liebe Artischocken einfach! Im Sommer serviere ich dieses Gericht übrigens auch gerne mal kalt als kleine, feine Vorspeise – die sich perfekt und edel mit einem Glas gut gekühlten Weißwein und mit leckerem Tulum-Käse kombinieren lässt.

ARTISCHOCKENBÖDEN MIT GEMÜSEFÜLLUNG

FÜR 4 PERSONEN • ZUBEREITUNG: 30 Min. • GAREN: 40 Min. • PRO PORTION: ca. 150 kcal

1 Zitrone
4 große Artischocken
1 große Zwiebel
2 dicke Möhren
1 festkochende Kartoffel
  (ca. 150 g)
1 Bund Dill
100 ml Olivenöl
120 g TK-Erbsen
Salz – Pfeffer
½ TL Zucker

1. Die Zitrone halbieren, den Saft auspressen und mit 500 ml Wasser mischen. Die Artischocken waschen und den oberen Teil großzügig bis auf ca. 1 cm oberhalb der Böden wegschneiden. Das faserige Heu mit einem Löffel herauskratzen, den Stiel unten gerade wegschneiden, eventuell übrige harte Fasern an den Seiten entfernen. Die Böden waschen und ins Zitronenwasser legen, damit sie nicht braun werden.

2. Zwiebel schälen und fein würfeln. Möhren und Kartoffel schälen und in 5 mm große Würfel schneiden. Dill waschen und trocken schütteln. Spitzen abzupfen und grob schneiden. Öl in einer Pfanne mit hohem Rand erhitzen, darin die Zwiebel goldgelb andünsten. Möhren und Kartoffel zugeben und kurz mitdünsten. Dann die gefrorenen Erbsen unterrühren und 2 Min. mitdünsten. Alles mit Salz und Pfeffer würzen.

3. Das Gemüse vom Herd nehmen und die Hälfte vom Dill und den Zucker unterrühren. Artischockenböden mit der ausgehölten Seite nach oben in die Pfanne setzen. Etwas Gemüse darauf verteilen, den Rest in den Zwischenräumen lassen. Dann das Zitronenwasser der Artischocken angießen. Alles zugedeckt bei kleiner Hitze in 35–40 Min. garen.

4. Die Artischockenböden auf Teller verteilen. Die Gemüsemischung mit dem restlichen Dill vermengen, dann auf den Böden anrichten und mit Pfeffer bestreuen. Das Gericht mit Pilaw servieren.

LINSEN-KÖFTE

FÜR 4 PERSONEN (ca. 16 Stück) • ZUBEREITUNG: 35 Min. • GAREN: 40 Min. •
PRO PORTION: ca. 345 kcal

150 g rote Linsen
350 ml Gemüsebrühe
60 g feiner Bulgur
Salz
1 große Zwiebel
2 Knoblauchzehen
4 EL Olivenöl
1 EL Tomatenmark
1 ½ EL scharfes türkisches Paprikamark (aus dem Bio- oder türkischen Lebensmittelladen)
2 Frühlingszwiebeln
½ Bund glatte Petersilie
3 Stängel Minze
¾ TL gemahlener Kreuzkümmel
2 EL Granatapfelsirup (aus dem
   türkischen Lebensmittelladen)
Pfeffer
Pul biber (nach Belieben; aus dem
   türkischen Lebensmittelladen)

AUSSERDEM:
1 Mini-Römersalat
2 Zitronen

1. Linsen in ein Sieb geben, kalt abbrausen und abtropfen lassen. Gemüse-brühe in einem Topf aufkochen. Linsen zugeben und in 20–25 Min. bei mittlerer Hitze zugedeckt sehr weich kochen, dabei zwischendurch falls nötig wenig Wasser zugeben. Am Ende sollte am Topfboden noch ca. 5 mm hoch Flüssigkeit vorhanden sein. Bulgur unter die Linsen rühren, salzen und bei kleinster Hitze oder ausgeschalteter Herdplatte 15 Min. quellen, dann lauwarm abkühlen lassen.

2. Inzwischen Zwiebel und Knoblauch schälen und fein würfeln. Öl in ei-ner kleinen beschichteten Pfanne erhitzen, darin Zwiebel und Knoblauch goldgelb dünsten. Tomaten- und Paprikamark unterrühren und 1–2 Min. mitbraten, vom Herd nehmen und abkühlen lassen.

3. Die Zwiebelmasse samt Öl zur Linsenmischung geben und alles mit den Händen oder einer Gabel kräftig durchmengen, dabei die Linsen falls nötig weiter zerdrücken. Die Frühlingszwiebeln waschen und putzen, den wei-ßen Teil fein würfeln, den grünen Abschnitt in feine Ringe schneiden. Die Kräuter waschen und trocken schütteln. Die Blättchen abzupfen und fein hacken. Frühlingszwiebeln und Kräuter mit Kreuzkümmel und Granatap-felsirup unter die Linsenmasse mengen. Alles mit Salz, Pfeffer und nach Belieben Pul biber abschmecken.

4. Je 1 gehäuften EL Linsenmasse abnehmen und mit den Händen zu ei-nem 5–7 cm langen Würstchen formen. Salat in einzelne Blätter teilen, die-se waschen und trocken tupfen. Zitronen längs achteln. Je ein Linsenwürst-chen in ein Blatt legen und mit Zitronenachtel zum Beträufeln servieren.

GEMÜSE-LINSEN-TOPF

FÜR 4 PERSONEN • **ZUBEREITUNG:** 35 Min. • **GAREN:** 1 Std. 30 Min. •
PRO PORTION: ca. 385 kcal

2 dünne Auberginen
Salz
150 g braune Linsen
1 Lorbeerblatt
800 g Tomaten
3 grüne türkische Paprika
1 große Zwiebel
3 Knoblauchzehen
1 Bund glatte Petersilie
1 ½ EL scharfes türkisches Papri-
    kamark (aus dem Bio- oder tür-
    kischen Lebensmittelladen)
1 EL Tomatenmark
1 EL getrocknete Minze
2 EL Granatapfelsirup (aus dem
    türkischen Lebensmittelladen)
7 EL Olivenöl
½ TL Zucker
Pfeffer

1. Auberginen waschen, putzen und 1,5 cm groß würfeln. In ein Sieb geben, kräftig salzen, durchmischen und 30 Min. Wasser ziehen lassen. Inzwischen Linsen mit Lorbeerblatt in 1 l kochendem Wasser bei mittlerer
Hitze zugedeckt in ca. 20 Min. garen, bis sie weich sind, aber nicht zerfallen. In ein Sieb abgießen und abtropfen lassen. Lorbeerblatt entfernen.

2. Währenddessen die Tomaten unten kreuzweise einritzen, mit kochendem Wasser übergießen und 10 Min. ziehen lassen, anschließend häuten.
Tomaten in Stücke schneiden, dabei den Stielansatz entfernen und den Saft
auffangen. Paprika waschen, halbieren, weiße Trennwände und Kerne entfernen und die Hälften 1,5 cm groß würfeln. Zwiebel und Knoblauch schälen und fein würfeln. Petersilie waschen und trocken schütteln. Blättchen
abzupfen und grob schneiden. Die Hälfte beiseitelegen, den Rest mit Toma-
tenstücken samt Saft, Paprika, Zwiebel und Knoblauch in eine Schüssel geben. Alles mit Paprika- und Tomatenmark, Minze, Granatapfelsirup und
4 EL Olivenöl vermischen. Dann mit Zucker, Salz und Pfeffer würzen.

3. Den Backofen auf 180° vorheizen. Auberginenwürfel kalt abbrausen,
nochmals das Wasser mit den Händen ausdrücken, dann trocken tupfen.
1 EL Olivenöl in einen Bräter geben. Auberginen auf dem Boden verteilen,
die Linsen darübergeben. Die Tomatenmischung obenauf verteilen, etwas
Petersilie aufstreuen und das restliche Öl darüberträufeln. Den Bräter verschließen und alles im Ofen (unten) in ca. 1 Std. 30 Min. garen. Herausnehmen, lauwarm abkühlen lassen und mit übriger Petersilie bestreuen.
Mit frischem Fladenbrot, Reis oder Bulgur servieren.

TIPP
Wenn es keine schönen reifen Sommertomaten gibt, gehen auch stückige
Dosentomaten oder noch besser Kirschtomaten aus der Dose (Datterini).

KUMPIR - TÜRKISCHE OFENKARTOFFELN

FÜR 4 PERSONEN (4 Stück) • **ZUBEREITUNG:** 25 Min. • **GAREN:** 1 Std. 30 Min. •
PRO PORTION: ca. 560 kcal

FÜR DIE KARTOFFELN:

4 große mehligkochende Kartoffeln (à ca. 400 g)
2 EL Olivenöl
Salz
120 g Kaşar-Käse (aus dem türkischen Lebensmittelladen;
ersatzweise mittelalter Gouda)
4 TL Butter

FÜR DIE SALSA:

6 reife Tomaten
Salz
3 Frühlingszwiebeln
6 schwarze Oliven (entsteint)
1 TL Kapern
½ Bund glatte Petersilie
1 EL Limettensaft
⅓ TL gemahlener Kreuzkümmel
1 Prise Zucker
Pfeffer

1. Den Backofen auf 225° vorheizen. Kartoffeln gründlich in kaltem Wasser sauber bürsten, dann mit einer Gabel mehrmals ringsum tief einstechen. Vier Quadrate oder Rechtecke aus Alufolie so zurechtschneiden, dass sich die Kartoffeln gut einpacken lassen. Die Kartoffeln rundum mit Öl bepinseln. Jeweils 1 Kartoffel auf ein Stück Alufolie legen, salzen, dann gut in die Folie einschlagen. Auf dem Backrost (Mitte) ca. 1 Std. 15 Min. garen.

2. Inzwischen für die Salsa Tomaten waschen und halbieren. Kerne und Stielansatz entfernen. Die Tomatenhälften klein würfeln, leicht salzen und in einem Sieb 20 Min. ziehen lassen. Währenddessen Frühlingszwiebeln waschen, putzen und mit dem Grün in nicht zu dünne Ringe schneiden. Oliven ebenfalls in Ringe schneiden, Kapern grob hacken. Petersilie waschen und trocken schütteln. Blättchen abzupfen und grob hacken.

3. Tomaten durchrühren, abtropfen lassen und mit Frühlingszwiebeln, Oliven, Kapern und Petersilie mischen. Mit Limettensaft, Kreuzkümmel, Zucker, Salz und Pfeffer würzen. Die Salsa zugedeckt im Kühlschrank ziehen lassen, bis die Kartoffeln fertig sind.

4. Kartoffeln von der Folie befreien und nochmals ohne Folie 15 Min. weitergaren. Inzwischen den Käse grob reiben. Die Kartoffeln aus dem Ofen nehmen und längs auf-, aber nicht vollständig durchschneiden. Das Innere mit einer Gabel lösen und auflockern, dabei die Butter in Flöckchen unterheben; die Kartoffeln salzen, dann den Käse unterheben. Die Salsa in und auf den Kartoffeln verteilen und die Kumpir servieren.

Kumpir ist türkisches Streetfood at it's best.
Die Kartoffeln werden auf der Straße zu-
bereitet und als Imbiss direkt auf die Hand
angeboten. Statt Tomaten-Salsa passt auch
Sourcream, eingelegtes Gemüse oder Salat.
Meine Jungs lieben dieses Gericht.

BULGUR-PILZ-PILAW

FÜR 4 PERSONEN • **ZUBEREITUNG:** 20 Min. • **GAREN:** 40 Min. • **PRO PORTION:** ca. 450 kcal

FÜR DEN PILAW:

250 g grober Bulgur
2 Zwiebeln
250 g kleine braune Champignons
3 Tomaten
50 g Butter
1 ½ EL Tomatenmark
500 ml Gemüsebrühe
Salz – Pfeffer

FÜR DIE JOGHURTSAUCE:

5 Stängel Dill
1 Bund glatte Petersilie
300 g türkischer Joghurt
  (10 % Fett; ersatzweise griechischer Joghurt)
Salz – Pfeffer
½ TL gemahlener Kreuzkümmel
Pul biber (nach Belieben; aus dem türkischen Lebensmittelladen)

1. Für den Pilaw den Bulgur in ein Sieb geben, gründlich mit kaltem Wasser abbrausen und abtropfen lassen. Zwiebeln schälen und in feine Würfel schneiden. Die Pilze putzen, bei Bedarf mit einem Tuch abreiben und in 3–4 mm dicke Scheiben schneiden. Die Tomaten unten kreuzweise einritzen und mit kochendem Wasser übergießen. 10 Min. ziehen lassen, dann häuten und das Fruchtfleisch in kleine Würfel schneiden. Dabei den Stielansatz entfernen und den Saft auffangen.

2. Butter in einem Topf erhitzen. Die Zwiebeln darin bei kleiner bis mittlerer Hitze goldgelb dünsten. Pilze zugeben und bei größerer Hitze unter Rühren 2 Min. mitbraten. Tomatenmark und Tomaten samt Saft zugeben und 2–3 Min. unter Rühren garen. Den Bulgur unterrühren, dann die Brühe zugießen. Alles gut durchrühren, salzen, pfeffern und einmal kurz aufkochen lassen. Dann den Bulgur bei kleiner Hitze zugedeckt in 20–30 Min. garen. Herd abschalten und den Bulgur noch 10 Min. nachquellen lassen.

3. Inzwischen für die Joghurtsauce Dill und Petersilie waschen und trocken schütteln. Spitzen und Blättchen abzupfen und nicht zu fein hacken. Den Joghurt mit dem Dill und der Hälfte der Petersilie verrühren und mit Salz, Pfeffer und Kreuzkümmel würzen. Übrige Petersilie unter den Bulgur heben. Bulgur auf Teller verteilen und jeweils einen großzügigen Klecks Joghurtsauce daraufgeben, nach Belieben mit Pul biber bestreuen.

W enn man von den Waffen einer Frau spricht, denken die wenigsten an einen Kochlöffel. Ich schon. Ob »Mesir Macunu«, die türkische Fruchtbarkeitsmarmelade, hilft – wer weiß. Sicher bin ich allerdings, dass ein speziell zubereitetes Liebesmahl aus aphrodisierenden Zutaten wie Chili, Zimt, Kardamom oder Granatapfel den Stunden zu zweit deutlich mehr Würze verleihen kann. Auch Gerichte, die zu genüsslichen Spielen wie gemeinsamem Knabbern, Saugen und Lutschen taugen, können sehr anregend sein. Genau wie die Kombination aus Zuckersüßem und Herbem, Kräftigem oder Scharfem. Gegensätze ziehen sich ja bekanntlich an und führen gemeinsam zum Höhepunkt – dem kulinarischen natürlich. Tatsächlich ist es für mich ein anturnendes Glücksgefühl, wenn ich für uns beide koche und es ihm so gut schmeckt, dass er einfach nicht genug bekommen kann!

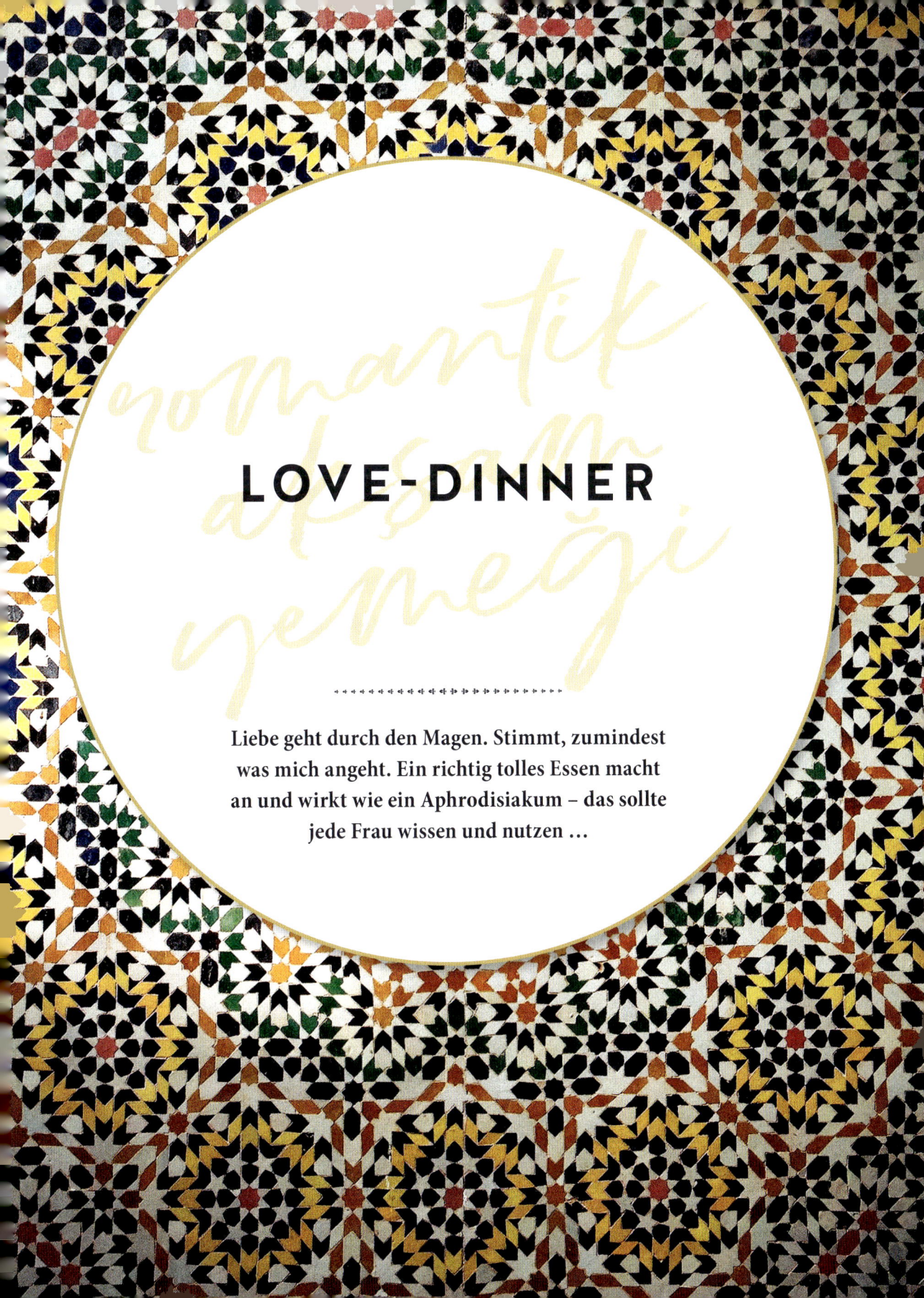

LOVE-DINNER

romantik akşam yemeği

••‹‹‹‹‹‹‹‹‹‹‹‹‹‹‹‹••››››››››››››››››•

Liebe geht durch den Magen. Stimmt, zumindest
was mich angeht. Ein richtig tolles Essen macht
an und wirkt wie ein Aphrodisiakum – das sollte
jede Frau wissen und nutzen …

APHRODITES LIEBESELIXIR

FÜR 2 PERSONEN • **ZUBEREITUNG:** 30 Min. • **QUELLEN:** 12 Std. (über Nacht) •
PRO PORTION: ca. 1 025 kcal

FÜR DIE MANDELN:

200 g Mandeln
1 EL Sonnenblumenöl
120 g Zucker
1 Pck. Vanillezucker
Salz
¼ TL gemahlener Kardamom
½ TL Zimtpulver
3 Msp. Chilipulver

FÜR DEN COCKTAIL:

1 Blutorange
150 ml Granatapfelsaft (aus dem
   Bioladen)
3 Msp. gemahlener Kardamom
7 ml Raki (ca. 1 ½ EL)

1. Die Mandeln in eine Schüssel geben, mit reichlich Wasser bedecken und über Nacht quellen lassen. Am nächsten Tag das Wasser abgießen und die Häute von den Mandeln lösen. Die Mandeln kalt abbrausen und gründlich trocken tupfen. Ein Backpapier dünn mit Öl bepinseln.

2. Zucker, Vanillezucker, 1 Prise Salz, Kardamom, Zimtpulver, Chilipulver und 100 ml Wasser in einem weiten Topf oder in einer Pfanne mit hohem Rand unter Rühren erhitzen, bis sich der Zucker gelöst hat und das Wasser sprudelt. Die Mandeln zugeben und so lange rühren, bis sie gleichmäßig von der Zuckermasse ummantelt sind.

3. Immer weiterrühren, bis das Wasser komplett verdampft ist und sich eine matte Zuckerkruste um die Mandeln gelegt hat. Weiterrühren, bis der Zucker geschmolzen ist und zu glänzen beginnt – das kann 5–8 Min. dauern. Dabei darauf achten, dass das Karamell nicht zu heiß und dunkel wird, sonst schmeckt es bitter. Die Mandeln auf das geölte Backpapier gießen und zügig mit einem Löffel verteilen. Abkühlen lassen und falls nötig verklumpte Mandeln voneinander trennen.

4. Für den Cocktail die Blutorange halbieren, den Saft auspressen und durch ein feines Sieb zum Granatapfelsaft gießen. Den Kardamom gründlich unterrühren, sodass sich keine Klümpchen bilden. Zuletzt den Raki zugeben – den Cocktail vor dem Servieren gut durchkühlen lassen. Anschließend mit den Mandeln servieren.

TIPP

Besonders »cool« kommt der Drink, wenn man ihn in kleine Shot-Gläser füllt, die man zuvor 1–2 Std. ins Gefrierfach gestellt hat.

Dieser sündig rote Cocktail mit Mandeln ist die perfekte Einstimmung auf den gemeinsamen Abend. Über Nacht eingeweichte Mandeln werden in der Türkei übrigens gerne als kleine Aperitif-Knabberei serviert – möglichst in einer Schale auf Eis.

BITTER-SWEET-SYMPHONY-SALAT

FÜR 2 PERSONEN • **ZUBEREITUNG:** 25 Min. • **PRO PORTION:** ca. 400 kcal

3 EL Mandelstifte
120 g Radicchio
1 kleines Bund Rucola
3 frische Datteln (ersatzweise getrocknete Datteln)
½ kleiner Granatapfel
1 große Orange
¾ TL grober Senf
1 TL Honig
1 ½ EL Aceto balsamico bianco
Salz – Pfeffer
2 Msp. Pul biber (aus dem türkischen Lebensmittelladen)
4 EL Olivenöl

1. Mandelstifte in einer kleinen beschichteten Pfanne ohne Fett rösten, bis sie leicht bräunen und duften. Herausnehmen und abkühlen lassen.

2. Inzwischen den Radicchio waschen und putzen. Den Strunk entfernen, die Blätter grob schneiden oder auseinanderzupfen und trocken schleudern. Rucola waschen und trocken schleudern. Grobe Stiele entfernen, die Blätter eventuell etwas kleiner zupfen. Datteln längs halbieren, entsteinen und das Fruchtfleisch längs in feine Streifen schneiden. Die Granatapfelkerne aus den Trennwänden herauslösen.

3. Die Orange halbieren und aus einer Hälfte den Saft auspressen. Die andere Hälfte mit der Schnittseite nach unten auf ein Brett legen und die Schale samt weißer Haut von oben nach unten herunterschneiden. Anschließend das Fruchtfleisch in Scheiben schneiden und diese quer halbieren, dabei den ausgetretenen Saft auffangen.

4. Orangensaft mit Senf, Honig und Balsamico verrühren. Mit Salz, Pfeffer und Pul biber würzen, dann das Öl kräftig unterschlagen. Radicchio, Rucola, Datteln, Orangenstücke und etwa die Hälfte der Granatapfelkerne vorsichtig mit dem Dressing mischen und auf Teller verteilen. Den Salat mit übrigen Granatapfelkernen und Mandelstiften bestreuen und servieren.

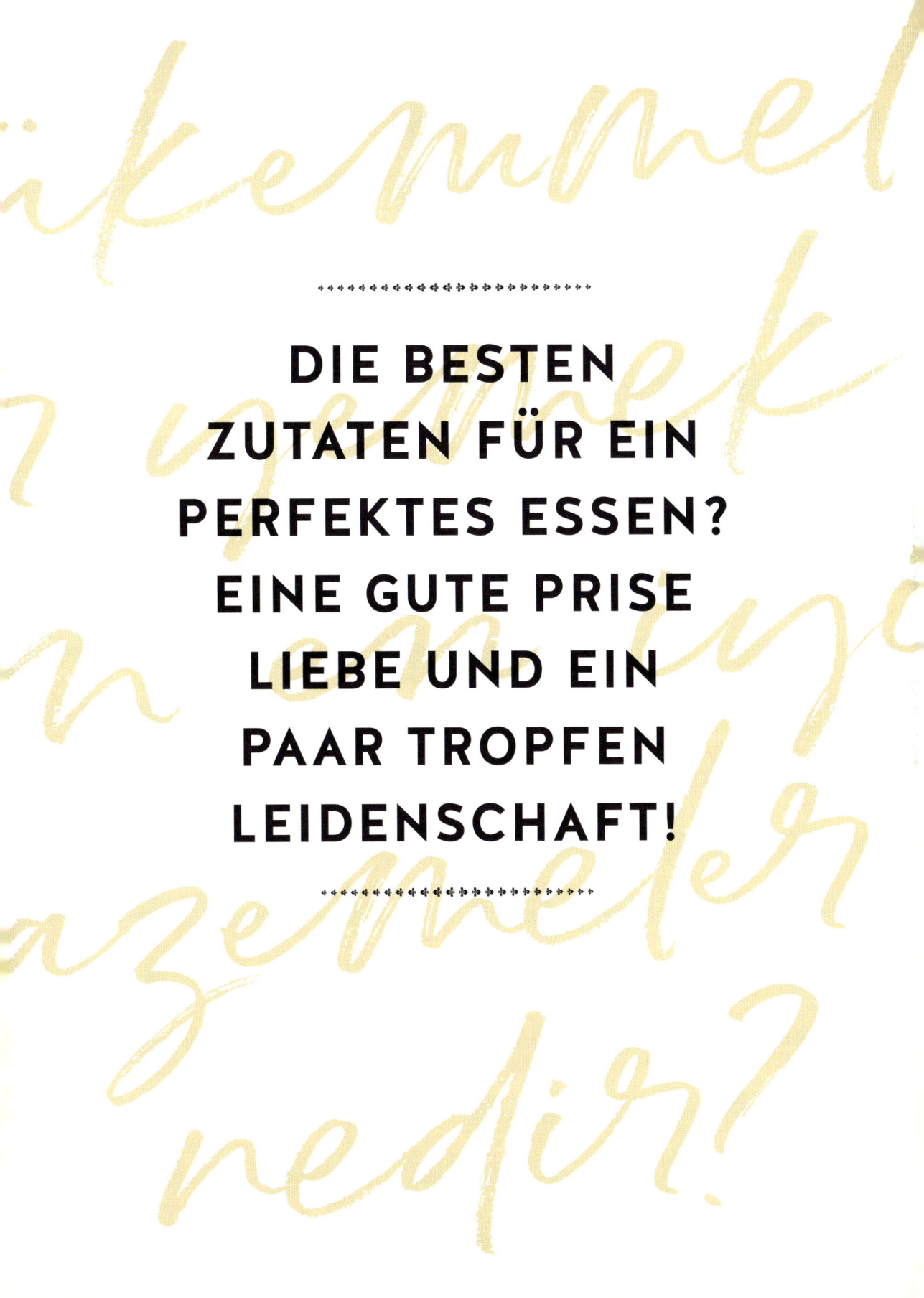

◆◆◆◆◆◆◆◆◆◆◆◆◆◆◆◆◆◆◆◆◆◆◆

DIE BESTEN ZUTATEN FÜR EIN PERFEKTES ESSEN? EINE GUTE PRISE LIEBE UND EIN PAAR TROPFEN LEIDENSCHAFT!

◆◆◆◆◆◆◆◆◆◆◆◆◆◆◆◆◆◆◆◆

Wusstest du, dass Tomaten in Österreich als »Paradeiser« bezeichnet werden? Ich weiß es von meinem österreichischen Mann Sami, den ich als Eva des Öfteren mit diesem äußerst leckeren, leicht beschwipsten und scharfen Paradiesapfelsüppchen verführe.

PARADIESAPFEL-SÜPPCHEN

FÜR 2 PERSONEN • **ZUBEREITUNG:** 15 Min. • **GAREN:** 30 Min. • **PRO PORTION:** ca. 440 kcal

500 g reife Tomaten (ersatzweise
   400 g Tomaten aus der Dose)
1 Stange Staudensellerie
1 Knoblauchzehe
1 kleine rote Chilischote
3 EL Olivenöl
4 EL Raki
200 ml Gemüsebrühe
Salz – Pfeffer
½ TL Honig
2 Stängel Basilikum
2 EL Crème fraîche
¼ TL Zimtpulver

1. Die Tomaten waschen und grob klein schneiden, dabei den Stielansatz entfernen und den Saft auffangen. Die Selleriestange waschen, putzen und in kleine Stücke schneiden, das Grün beiseitelegen. Knoblauch schälen und hacken. Die Chilischote waschen, halbieren, weiße Trennwände und Kerne entfernen und das Fruchtfleisch hacken.

2. Das Öl in einem Topf erhitzen. Den Knoblauch darin bei mittlerer Hitze andünsten. Sellerie und Chili zugeben und 2–3 Min. unter Rühren mitdünsten. Mit Raki ablöschen, dann sofort die Tomaten samt Saft und die Gemüsebrühe unterrühren. Die Suppe mit Salz, Pfeffer und Honig würzen und offen bei kleiner Hitze 30 Min. köcheln lassen.

3. Inzwischen das Basilikum waschen und trocken schütteln. Blättchen abzupfen und mit etwas Selleriegrün in feine Streifen schneiden. Die Suppe mit dem Pürierstab fein mixen, nach Belieben zusätzlich durch ein feines Sieb streichen. Die Suppe auf Teller verteilen, mit je 1 EL Crème fraîche, Basilikum und Selleriegrün bestreuen und mit Zimt bestäubt servieren.

SCHARFE ANMACH-DATTELN

FÜR 2 PERSONEN (10 Stück) • **ZUBEREITUNG:** 30 Min. • **PRO PORTION:** ca. 360 kcal

1 EL getrocknete Sauerkirschen

½ Orange

30 g Walnusskerne

80 g Ziegenfrischkäse

Salz – Pfeffer

¼ EL Ras el Hanout (orientalische
Gewürzmischung)

3 Msp. Zimtpulver

2 Msp. Chilipulver

10 frische Datteln (ersatzweise
große getrocknete Datteln, z. B.
Medjool)

¼ TL Pul biber (aus dem türkischen Lebensmittelladen)

1. Sauerkirschen fein hacken. Die Orangenhälfte auspressen und den Saft mit den Sauerkirschen in einem kleinen Topf kurz aufkochen. Den Herd ausstellen, Kirschen 10–15 Min. ziehen, dann abkühlen lassen. Inzwischen die Walnüsse in einer Pfanne ohne Fett rösten. Abkühlen lassen, dann im Blitzhacker oder mit dem Messer zerkleinern.

2. Die Kirschen in ein Sieb abgießen und etwas ausdrücken, dabei den Orangensaft auffangen. Den Ziegenfrischkäse mit Kirschen, Walnüssen und wenig Orangensaft zu einer dicken Creme verrühren. Mit Salz, Pfeffer, Ras el Hanout, Zimt und Chilipulver würzen.

3. Die Datteln waschen, längs einschneiden und entsteinen, dabei die Dattelhälften leicht auseinanderdrücken. Die Öffnungen mit der Ziegenfrischkäsemischung füllen und die Datteln wieder etwas zusammendrücken. Mit Pul biber bestreuen und servieren.

TIPP

Auch lecker und fix gemacht: Kleine getrocknete Datteln mit je einer Scheibe Pastırma umwickeln und diese mit einem Zahnstocher feststecken. Die Datteln in ausreichend Butter bei mittlerer Hitze rundum braun anbraten. Lauwarm oder kalt servieren.

AUBERGINEN MIT SAFRANJOGHURT

FÜR 2 PERSONEN • **ZUBEREITUNG:** 15 Min. • **GAREN:** 40 Min. • **PRO PORTION:** ca. 290 kcal

1 Knoblauchzehe
2 EL Olivenöl
2 kleine Auberginen
Salz – Pfeffer
1 Msp. Safranpulver
200 g türkischer Joghurt
(10 % Fett; ersatzweise griechischer Joghurt)
3 EL Limettensaft
⅓ Bund glatte Petersilie
½ Granatapfel

1. Den Backofen auf 220° vorheizen, ein Blech mit Backpapier auslegen. Knoblauch schälen und durch die Presse drücken. Die Hälfte davon mit 1 EL Olivenöl verrühren. Die Auberginen waschen, mit dem Stielansatz längs halbieren und auf der Schnittseite in diagonalen Linien mit jeweils ca. 1 cm Abstand knapp 1 cm tief einschneiden, sodass ein kreuzförmiges Muster auf der Oberfläche entsteht. Die Schnittflächen mit Knoblauchöl bepinseln und die Auberginenhälften mit dieser Seite nach oben auf das Blech legen, salzen und pfeffern. Im heißen Ofen (Mitte) in 35–40 Min. hellbraun braten. Herausnehmen und leicht abkühlen lassen.

2. Inzwischen Safran mit 2 EL kochend heißem Wasser übergießen und 10 Min. ziehen lassen. Joghurt mit übrigem Knoblauch, Limettensaft, restlichem Olivenöl und Safranwasser verrühren. Mit Salz und Pfeffer würzen und zugedeckt in den Kühlschrank stellen.

3. Petersilie waschen und trocken schütteln. Die Blättchen abzupfen und grob schneiden. Die Granatapfelkerne aus den Trennhäuten lösen. Die Auberginen aus dem Ofen nehmen und auf Teller verteilen. Kurz abkühlen lassen, dann den Safranjoghurt daraufgeben. Alles mit Granatapfelkernen und Petersilie bestreuen und servieren.

TIPP

Die gebratenen Auberginen schmecken übrigens auch hervorragend kalt als Vorspeise und lassen sich daher prima im Voraus zubereiten.

ÜBERBACKENE GARNELEN

FÜR 2 PERSONEN • **ZUBEREITUNG:** 30 Min. • **PRO PORTION:** ca. 370 kcal

1 kleine Zwiebel

1 Knoblauchzehe

2 kleine grüne türkische Paprika

2 EL Butter

1 Lorbeerblatt

5 EL Weißwein (ersatzweise Gemüsebrühe)

200 g stückige Tomaten (aus dem Tetrapak)

Salz – Pfeffer

1 Msp. Pul biber (aus dem türkischen Lebensmittelladen)

¼ TL getrockneter Oregano

50 g Kaşar-Käse (aus dem türkischen Lebensmittelladen)

250 g rohe geschälte Garnelen (küchenfertig)

AUSSERDEM:

2 kleine Auflaufförmchen
(z. B. aus Ton)

1. Zwiebel und Knoblauch schälen und klein würfeln. Paprika waschen, halbieren und weiße Trennwände und Kerne entfernen. Die Hälften längs durchschneiden und quer in schmale Streifen schneiden.

2. Den Backofen auf 225° vorheizen. Die Auflaufförmchen mit 1 EL Butter einfetten. Die übrige Butter in einer beschichteten Pfanne erhitzen. Darin Zwiebel, Knoblauch, Paprika und das Lorbeerblatt bei großer Hitze 1 Min. anbraten, dabei darauf achten, dass die Butter nicht bräunt. Alles mit dem Weißwein ablöschen und kurz kochen lassen, bis die Flüssigkeit fast vollständig verdunstet ist. Die Tomaten zugeben, mit Salz, Pfeffer, Pul biber und Oregano würzen und offen bei mittlerer Hitze 5 Min. köcheln lassen. Inzwischen den Kaşar-Käse fein reiben.

3. Die Garnelen in die Tomatensauce geben und 2 Min. bei kleiner Hitze garen. Dann den gesamten Pfanneninhalt in die zwei Förmchen verteilen, das Lorbeerblatt entfernen. Alles mit Käse bestreuen und im heißen Ofen (Mitte) 8–10 Min. überbacken, bis der Käse leicht zu bräunen beginnt. Die überbackenen Garnelen mit frischem Fladenbrot servieren.

TIPP

Garnelen im Tontöpfchen gegart – Karides Güveç – findet man in der ganzen Türkei als Meze oder kleines Gericht. Anstelle von Kaşar-Käse kann man auch gut 50 g zerbröselten Schafskäse nehmen. Ein bisschen klein gehackte Petersilie sorgt noch für den letzten Frischekick.

82

Knuspernde Nüsse, aromatische Gewürze, knackiger Salat oder Garnelen, die zwischen den Zähnen krachen und mit den Fingern ausgepult werden müssen – ich liebe Essen, dass ich nicht nur schmecken, sondern auch hören, riechen und spüren kann – das hat etwas Sinnliches und unglaublich Erotisches.

LAMMSPIESSCHEN ZUM ANKNABBERN

FÜR 2 PERSONEN (4 Stück) • **ZUBEREITUNG:** 40 Min. • **MARINIEREN:** 4 Std. •
PRO PORTION: ca. 585 kcal

FÜR DIE SPIESSE:

300 g zartes Lammfleisch (aus
   der Keule)
1 Knoblauchzehe
2 Zweige Thymian
¼ TL getrocknete Minze
¾ TL gemahlener Kreuzkümmel
¼ TL Pul biber (aus dem türkischen Lebensmittelladen)
1 EL Zitronensaft
3 EL Olivenöl
1 kleine grüne türkische Paprika
2 Schalotten
Salz – Pfeffer
4 Spieße (aus Holz oder Metall)

FÜR DIE BEILAGE:

250 g Kirschtomaten
Salz – Pfeffer
1 Bund glatte Petersilie
3 Stängel Minze
1 kleine rote Zwiebel
2 EL Sumach (aus dem türkischen
   Lebensmittelladen)

1. Für die Spieße das Lammfleisch trocken tupfen und in 1,5–2 cm große Würfel schneiden, dabei Sehnen und Häutchen entfernen. Den Knoblauch schälen und durch die Presse in eine Schüssel drücken. Den Thymian waschen und trocken schütteln. Blättchen abzupfen und fein hacken. Thymian, Minze, Kreuzkümmel, Pul Biber, Zitronensaft und Öl zum Knoblauch geben und alles gut verrühren. Das Fleisch zufügen und erneut gründlich durchmischen. Mit Frischhaltefolie abdecken und mindestens 4 Std. (oder über Nacht) im Kühlschrank ziehen lassen.

2. Die Paprika waschen, halbieren, weiße Trennwände und Kerne entfernen und die Hälften in 1,5–2 cm große Stücke schneiden. Die Schalotten schälen, längs halbieren und die Hälften in ca. 1 cm schmale Spalten schneiden. Jeweils mehrere Stücke Fleisch, Paprika und Schalotte im Wechsel auf die Spieße stecken.

3. Für die Beilage die Tomaten waschen, halbieren und mit Salz und Pfeffer würzen. Petersilie und Minze waschen und trocken schütteln. Die Blättchen abzupfen und grob zerzupfen oder schneiden. Zwiebel schälen und in Ringe schneiden, diese in Sumach wenden. Kräuter und Tomaten mischen, die Zwiebelringe darauf verteilen.

4. Den Backofengrill vorheizen, dabei ein Blech (oben) gleich miterhitzen. Die Spieße darauflegen und im heißen Ofen ca. 10 Min. braten, währenddessen einmal wenden. Herausnehmen, salzen, pfeffern und heiß mit den Tomaten, Kräutern und Zwiebelringen servieren.

TIPP
Wer möchte, kann die Lammspieße auch in einer Pfanne in etwas Olivenöl braten oder sie im Sommer draußen auf den Grill legen.

Bratäpfel – das klingt, ähnlich wie Bratkartoffeln, eher gemütlich und besinnlich als sinnlich. Aber gefüllt mit süßem Honig und anfeuernden Gewürzen bekommen sie garantiert den Wolke-Sieben-Faktor. Vor allem mit Eis serviert – denn so schmecken sie einfach zum Dahinschmelzen.

SÜNDIGE
BRATÄPFEL

FÜR 2 PERSONEN • **ZUBEREITUNG:** 10 Min. • **GAREN:** 30 Min. • **PRO PORTION:** ca. 410 kcal

2 große Äpfel (z. B. Boskop)
1 EL Zitronensaft
2 Bio-Orangen
50 g Walnusskerne
25 g weiche Butter
1 Pck. Vanillezucker
¼ TL Zimtpulver
1 Msp. gemahlene Nelken
1 Msp. gemahlener Kardamom
2 EL Honig

AUSSERDEM:
Apfelausstecher

1. Den Backofen auf 200° vorheizen. Inzwischen die Äpfel waschen und falls nötig unten gerade abschneiden, sodass sie gut stehen. Am Stielansatz einen ca. 1,5 cm breiten »Deckel« abschneiden. Dann das Kerngehäuse von oben mit einem Apfelausstecher oder einem scharfen Messer herauslösen und den Apfel innen etwas weiter aushöhlen. Die Schnittflächen sofort mit wenig Zitronensaft bepinseln, damit sie nicht braun werden.

2. Orangen heiß waschen und abtrocknen. Von 1 Orange ⅓ TL Schale fein abreiben. Den Saft beider Orangen auspressen. Walnusskerne im Blitzhacker grob zerkleinern oder mit dem Messer klein hacken. Walnüsse, Butter, Vanillezucker, Orangenschale und Gewürze mit einer Gabel vermengen, dann 1 EL Honig untermischen. Die Buttermasse in die Äpfel füllen.

3. Die gefüllten Äpfel und daneben die »Deckel« in eine ofenfeste Form setzen. Den Orangensaft mit dem übrigen Zitronensaft und Honig verrühren und in die Form gießen. Die Äpfel im heißen Ofen (Mitte) in ca. 30 Min. garen. Herausnehmen und kurz abkühlen lassen. Dann auf Dessertteller setzen, die Deckel auflegen und mit dem Garsud beträufeln. Die Bratäpfel nach Belieben mit einer Kugel Walnuss- oder Vanilleeis servieren.

Ein paar Pfunde mehr auf den Rippen sind kein Weltuntergang, das habe ich nach meinen beiden Schwangerschaften gemerkt. Klar wollte ich schnell wieder in die alte knackige Jeans passen, aber nicht um jeden Preis. Nicht mit Hungern und geschmacklosen Drinks aus Pülverchen – dafür esse ich einfach viel zu gerne. Ich versuche mir lieber konsequent Essen zu gönnen, das gesund ist und dazu noch lecker schmeckt. Genau passend finde ich hier Salate und Suppen. Frisches Gemüse, Kichererbsen, Bohnen, etwas Hähnchenfleisch oder Garnelen – so machen Salate richtig satt, ohne schwer zu sein. Ein warmes Süppchen streichelt die Seele und die Pfunde purzeln garantiert schneller. Meine alte Jeans passt übrigens wieder. Etwas enger vielleicht als früher. Aber das ist kein Problem für mich: Wenn es mir richtig gut schmeckt, lasse ich zur Not auch mal den Knopf offen.

HEALTHY WEEK

Schlankheitsmittelchen und Diätpillen sind für mich keine Option. Meine »Babyspeckröllchen« gehe ich lieber mit regelmäßigem Sport und gutem, gesundem Essen an.

MELONEN-GURKEN-SALAT

FÜR 4 PERSONEN • **ZUBEREITUNG:** 25 Min. • **PRO PORTION:** ca. 370 kcal

1 kg Wassermelone

1 Salatgurke

3 Zweige Minze

½ Bio-Zitrone

4 EL Olivenöl

Salz – Pfeffer

180 g Schafskäse (Feta)

3 EL Kürbiskerne

2 EL Pinienkerne

1 EL Puderzucker

4 Msp. Pul biber (aus dem türkischen Lebensmittelladen)

1. Die Wassermelone in ca. 1,5 cm breite Scheiben schneiden. Die Schale und so viele Kerne wie möglich aus dem Fruchtfleisch entfernen. Dann die Scheiben in ca. 1,5 cm große Würfel schneiden. Die Gurke schälen, längs vierteln und die Kerne mit einem Löffel herauskratzen. Die Viertel in ca. 1,5 cm große Stücke schneiden.

2. Minze waschen und trocken schütteln. Die Blättchen abzupfen und in feine Streifen schneiden. Die Zitronenhälfte heiß waschen, abtrocknen und die Schale in feinen Streifen abziehen oder fein abreiben. Den Saft auspressen. Zitronensaft und Schale gründlich mit dem Olivenöl verschlagen und mit Salz und Pfeffer würzen. Das Dressing mit Gurke, Melone und ca. zwei Drittel der Minze mischen. Alles 10 Min. ziehen lassen.

3. Inzwischen den Schafskäse in kleine Würfel schneiden. Kürbis- und Pinienkerne in einer beschichteten Pfanne rösten, bis sie leicht bräunen und duften. Puderzucker mit der Hälfte vom Pul biber darüberstreuen und unter Rühren karamellisieren lassen. Die Kerne sofort auf einen Teller geben und abkühlen lassen. Sollten sie dann zusammenkleben, leicht auseinanderbrechen oder mit einem Messer kleiner hacken.

4. Den Salat mit Schafskäse vermengen und mit Salz und Pfeffer abschmecken. Dann mit Kerne-Crunch, übriger Minze und restlichem Pul biber bestreuen. Dazu Fladenbrot servieren.

BUNTER TOMATEN-KICHERERBSEN-SALAT

FÜR 4 PERSONEN • **ZUBEREITUNG:** 20 Min. • **RUHEN:** 10 Min. • **PRO PORTION:** ca. 250 kcal

FÜR DEN SALAT:

1 Dose Kichererbsen (400 g)
2 rote Paprika
1 dicke Möhre
500 g gelbe und rote Kirschtomaten
4 Frühlingszwiebeln
½ Bund glatte Petersilie
2 Stängel Minze
Salz – Pfeffer

FÜR DAS DRESSING:

2 EL Granatapfelsirup (aus dem
   türkischen Lebensmittelladen)
3 EL Zitronensaft
1 ½ TL Honig
¾ TL gemahlener Kreuzkümmel
¾ TL Zimtpulver
2 Msp. Chilipulver
Salz – Pfeffer
4 EL Olivenöl

1. Für den Salat die Kichererbsen in ein Sieb abgießen, kalt abbrausen und gut abtropfen lassen. Die Paprika waschen, halbieren, weiße Trennwände und Kerne entfernen und die Hälften längs durchschneiden, dann quer in schmale Streifen schneiden. Die Möhre schälen, putzen, längs vierteln und die Viertel in dünne Stücke schneiden. Tomaten waschen und halbieren.

2. Frühlingszwiebeln waschen, putzen und mit dem Grün in dickere Ringe schneiden. Die Kräuter waschen, trocken schütteln und grob schneiden. Alle vorbereiteten Zutaten in einer Schüssel mischen, dabei einige Kräuter zurückbehalten. Den Salat leicht salzen und pfeffern.

3. Für das Dressing den Granatapfelsirup gründlich mit 2 EL Zitronensaft, Honig und Gewürzen verrühren. Mit Salz und Pfeffer würzen, dann das Öl kräftig unterschlagen. Das Dressing über den Salat gießen und alles vorsichtig vermengen. Den Salat erneut mit Salz, Pfeffer und Zitronensaft abschmecken und 10 Min. ziehen lassen. Dann mit den beiseitegelegten Kräutern bestreuen und servieren.

Bei diesem äußerst erfrischenden und farben-
frohen Salat bekomme ich sofort gute Laune
und jede Menge Appetit! Das Schöne bei Salaten mit Kichererbsen, Bohnen oder Linsen:
Sie machen richtig lange satt, aber ohne dabei
der schlanken Linie zu schaden.

TÜRKISCHER BAUERN-SALAT MIT AVOCADO

FÜR 4 PERSONEN • **ZUBEREITUNG:** 25 Min. • **PRO PORTION:** ca. 405 kcal

80 g Walnusskerne

4 Tomaten

1 kleine Salatgurke

2 grüne türkische Spitzpaprika

1 rote Zwiebel

1 kleine Avocado

3 EL Zitronensaft

½ Bund glatte Petersilie

2 Stängel Minze

2 EL Granatapfelsirup (aus dem türkischen Lebensmittelladen)

4 EL Olivenöl

Salz – Pfeffer

50 g kleine schwarze Oliven (entsteint)

1 TL Sumach (aus dem türkischen Lebensmittelladen)

1. Walnüsse in einer Pfanne ohne Fett rösten, bis sie leicht bräunen und duften. Herausnehmen und abkühlen lassen, anschließend grob hacken.

2. Inzwischen die Tomaten waschen und halbieren. Stielansatz und Kerne entfernen, das Fruchtfleisch in 1 cm große Würfel schneiden. Die Gurke schälen, längs halbieren, die Kerne mit einem Löffel herauskratzen, dann die Hälften 1 cm groß würfeln. Paprika waschen, halbieren, weiße Trennwände und Kerne entfernen und die Hälften ebenfalls in 1 cm große Würfel schneiden. Zwiebel schälen und würfeln.

3. Die Avocado halbieren, den Kern herauslösen und die Schale entfernen. Das Fruchtfleisch in 1 cm große Würfel schneiden und diese sofort mit 1 EL Zitronensaft beträufeln, damit sie nicht braun werden. Petersilie und Minze waschen und trocken schütteln. Die Blättchen abzupfen und nicht zu fein hacken oder klein schneiden.

4. Granatapfelsirup gründlich mit 1 EL Zitronensaft und dem Öl verrühren. Das Dressing salzen und pfeffern. Oliven nach Belieben in Ringe schneiden oder ganz lassen. Das Dressing vorsichtig mit allen vorbereiteten Zutaten mischen. Den Salat 5 Min. ziehen lassen, dann erneut mit Salz, Pfeffer und Zitronensaft abschmecken. Mit Sumach bestreut servieren.

TIPP

Dieser frische, leicht säuerlich angemachte Salat kann auch gut noch ein süßes Gegengewicht vertragen: beispielsweise klein geschnittene Orangenscheiben (natürlich die Schale vorher entfernen) oder ausgelöste Granatapfelkerne. Das bringt nicht nur einen neuen Geschmacks-Twist, sondern zusätzlich ordentlich Farbe in die Schüssel!

Bei diesem Rezept merkt man, dass ich in Berlin aufgewachsen bin. Auch wenn die Essiggurken nicht gerade »orientalisch« sind, passen sie perfekt als Säurekomponente in diesen Bohnensalat – übrigens ist das ein Geheimtipp meiner Mutter. Aber auch Silberzwiebelchen eignen sich gut.

BOHNENSALAT MIT EI

FÜR 4 PERSONEN • **ZUBEREITUNG:** 25 Min. • **PRO PORTION:** ca. 340 kcal

2 Dosen weiße Riesenbohnen
  (à 400 g)
1 Bio-Zitrone
2 TL Honig
Salz – Pfeffer
¼ TL Pul biber (aus dem türkischen Lebensmittelladen)
6 EL Olivenöl
3 Frühlingszwiebeln
½ Bund glatte Petersilie
3 Essiggurken (Cornichons)
6 schwarze Oliven (entsteint)
1 Bund Rucola
3 Eier (M)

AUSSERDEM:
Pul biber zum Bestreuen (nach
  Belieben; aus dem türkischen
  Lebensmittelladen; ersatzweise
  Sumach)

1. Die Bohnen in ein Sieb abgießen, kalt abbrausen und gut abtropfen lassen. Die Zitrone heiß waschen und abtrocknen. Die Schale fein abreiben und den Saft auspressen. Zitronenschale, 3 EL Saft, 2 EL Wasser und Honig glatt verrühren. Das Dressing mit Salz, Pfeffer und Pul biber würzen, dann das Olivenöl kräftig unterschlagen. Die Bohnen mit dem Dressing mischen und mindestens 10 Min. ziehen lassen.

2. Inzwischen die Frühlingszwiebeln waschen, putzen und mit dem Grün in nicht zu feine Ringe schneiden. Petersilie waschen, trocken schütteln und die Blättchen grob schneiden. Essiggurken in dünne Scheiben, Oliven in Ringe schneiden. Rucola waschen und trocken schütteln. Grobe Stiele entfernen, die Blätter grob zerzupfen oder schneiden. Alles vorsichtig mit den Bohnen mischen, dabei ca. ein Viertel Petersilie und Frühlingszwiebel zurückbehalten. Den Salat 10 Min. ziehen lassen.

3. Währenddessen die Eier in kochendem Wasser in ca. 8 Min. garen. In eine Schüssel mit kaltem Wasser geben und abkühlen lassen. Dann pellen und grob zerhacken. Den Salat nochmals mit Salz, Pfeffer und Zitronensaft abschmecken. Dann mit Ei, übriger Petersilie und Frühlingszwiebel anrichten. Nach Belieben mit Pul biber oder Sumach bestreuen.

ORIENT-COLE-SLAW MIT HÄHNCHEN

FÜR 4 PERSONEN • **ZUBEREITUNG:** 40 Min. • **RUHEN:** 1 Std. • **PRO PORTION:** ca. 345 kcal

500 g Spitzkohl (ersatzweise
   Weißkohl)
Salz
2 dicke Möhren
2 EL kleine Korinthen
4 EL Salatmayonnaise
200 g türkischer Joghurt
   (10 % Fett; ersatzweise griechischer Joghurt)
1 TL Honig
1 Bio-Zitrone
1 EL Weißweinessig
½ TL Senf
Pfeffer
3 Frühlingszwiebeln
¾ TL Schwarzkümmel
2 Hähnchenbrustfilets (à 180 g)

AUSSERDEM:
Öl zum Braten

1. Den Kohl von äußeren, unschönen Blättern befreien, dann waschen, längs vierteln und den Strunk herausschneiden. Die Kohlviertel quer in schmale Streifen schneiden oder hobeln. Mit 1 guten Prise Salz in einer Salatschüssel mischen und kräftig mit den Händen durchkneten, bis Flüssigkeit austritt und der Kohl weich wird. Möhren schälen und grob raspeln. Mit den Korinthen zum Kohl geben und alles 30 Min. ziehen lassen.

2. Inzwischen die Mayonnaise mit dem Joghurt und dem Honig verrühren. Die Zitrone heiß waschen, abtrocknen, die Schale abreiben und den Saft auspressen. 1 TL Zitronenschale, 2 EL Saft, Weißweinessig und Senf unter das Dressing rühren, salzen und pfeffern.

3. Frühlingszwiebeln waschen, putzen und mit dem Grün in nicht zu feine Ringe schneiden. Mit Dressing und Schwarzkümmel unter den Kohl mischen und den Salat nochmals 30 Min. ziehen lassen.

4. Inzwischen den Ofen auf 180° vorheizen. Die Hähnchenbrustfilets salzen und pfeffern. Ausreichend Öl in einer ofenfesten Pfanne erhitzen, darin das Fleisch rundherum 2 Min. anbraten. Anschließend im heißen Ofen (Mitte) in 10–12 Min. fertig garen. Die Filets herausnehmen, kurz ruhen lassen, dann in Scheiben schneiden. Den Kohlsalat auf Teller verteilen und das Hähnchenfleisch darauf anrichten.

TIPP
Der Salat eignet sich auch prima zum Mitnehmen, beispielsweise für ein leckeres Picknick. Das Fleisch dann abkühlen lassen, in Scheiben oder Stücke schneiden und unter den Salat mischen.

GARNELENSALAT MIT LIMETTENMAYO

FÜR 4 PERSONEN • **ZUBEREITUNG:** 20 Min. • **PRO PORTION:** ca. 355 kcal

FÜR DAS DRESSING:

1 Bio-Limette
5 EL Salatmayonnaise
150 g türkischer Joghurt
 (10 % Fett; ersatzweise griechischer Joghurt)
Salz – Pfeffer
3 Msp. Pul biber (aus dem türkischen Lebensmittelladen)

FÜR DEN SALAT:

2 Mini-Römersalatherzen
1 Bund Radieschen
1 Avocado
1 EL Limettensaft
200 g vorgegarte Garnelen
1 Mandarine
¾ TL Sumach (aus dem türkischen Lebensmittelladen)

1. Für das Dressing die Limette heiß waschen und abtrocknen. Die Schale fein abreiben und den Saft auspressen. Mayonnaise, Joghurt, 2 EL Limettensaft und die gesamte Limettenschale verrühren. Das Dressing mit Salz, Pfeffer und Pul biber pikant würzen, eventuell 1–2 EL Wasser unterrühren, sodass es etwas flüssiger wird.

2. Die Salatherzen vom Strunk befreien. Die einzelnen Blätter voneinander lösen, waschen, trocken schleudern, übereinanderlegen und quer in 2 cm breite Streifen schneiden. Radieschen waschen, putzen und in dünne Scheiben schneiden. Avocado längs vierteln, Kern und Schale entfernen. Die Viertel quer in 3–4 mm dicke Scheiben schneiden und diese sofort in Limettensaft wenden, damit sie nicht braun werden.

3. Garnelen in ein Sieb geben, kalt abbrausen, abtropfen lassen und trocken tupfen. Mandarine schälen und so viel wie möglich von der weißen Haut entfernen. Die Frucht in einzelne Segmente teilen und diese quer halbieren.

4. Salat, Radieschen, Avocado und Mandarine auf einer Platte auslegen, die Garnelen darauf verteilen. Den Salat gleichmäßig mit dem Dressing beträufeln, mit Sumach bestreuen und servieren.

Ich liebe Garnelen, vor allem in Salaten mit fruchtiger Komponente. Den besonderen Kick neben der süßsauren Mandarine und dem cremigem Joghurt gibt hier der leicht säuerliche Sumach – sauer macht lustig und gut kombiniert auch schlank.

SCHARFE MÖHREN-ORANGEN-SUPPE

FÜR 4 PERSONEN • **ZUBEREITUNG:** 40 Min. • **PRO PORTION:** ca. 240 kcal

600 g Möhren
1 große rote Spitzpaprika
1 große Zwiebel
1 Orange
60 g Butter
¾ TL gemahlener Kreuzkümmel
600 ml Hühnerbrühe (ersatzweise
    Gemüsebrühe)
1 TL Pul biber (aus dem türki-
    schen Lebensmittelladen)
Salz – Pfeffer
½ Bund glatte Petersilie
½ TL edelsüßes Paprikapulver
200 g türkischer Joghurt
    (10 % Fett; ersatzweise grie-
    chischer Joghurt)

1. Die Möhren schälen und in dünne Scheiben schneiden. Paprika waschen, halbieren, weiße Trennwände und Kerne entfernen und die Hälften in kleine Stücke schneiden. Die Zwiebel schälen und klein würfeln. Die Orange halbieren und den Saft auspressen.

2. 30 g Butter in einem Topf erhitzen, darin die Zwiebel goldgelb andünsten. Möhren und Paprika zugeben und unter Rühren bei großer Hitze 2 Min. anbraten. Mit Kreuzkümmel bestäuben, kurz mitrösten, dann mit zwei Dritteln vom Orangensaft ablöschen. Die Brühe angießen, alles mit ⅓ TL Pul biber, Salz und Pfeffer würzen und zugedeckt 20–25 Min. bei mittlerer Hitze köcheln lassen.

3. Inzwischen die Petersilie waschen und trocken schütteln. Die Blättchen abzupfen und nicht zu fein hacken. Die übrige Butter in einer kleinen Pfanne zerlassen, Paprikapulver unterrühren und kurz aufschäumen lassen. Dabei aufpassen, dass das Paprikapulver nicht dunkel und damit bitter wird. Die Würzbutter warm halten.

4. Die Suppe vom Herd nehmen, 1–2 Min. abkühlen lassen, dann 1 EL Joghurt zugeben und alles mit dem Pürierstab fein mixen. Mit dem übrigen Orangensaft, Salz, Pfeffer und etwas Pul biber abschmecken. Die Suppe auf Teller verteilen und je einen Klecks Joghurt daraufgeben. Mit der Paprikabutter beträufeln, mit Petersilie und nach Belieben dem restlichen Pul biber bestreuen und servieren.

LINSENSUPPE MIT SPINAT

FÜR 4 PERSONEN • **ZUBEREITUNG:** 30 Min. • **GAREN:** 30 Min. • **PRO PORTION:** ca. 345 kcal

200 g rote Linsen
1 große Zwiebel
1 große Möhre
1 kleine mehligkochende Kartoffel
60 g Butter
1 EL Tomatenmark
¾ TL gemahlener Kreuzkümmel
Salz – Pfeffer
1 l Gemüsebrühe
70 g Baby-Blattspinat
¾ TL edelsüßes Paprikapulver
⅓ TL Pul biber (nach Belieben; aus dem türkischen Lebensmittelladen)
2 EL türkischer Joghurt (10 % Fett; ersatzweise griechischer Joghurt)
1 EL Zitronensaft

1. Die Linsen in ein Sieb geben und kalt abbrausen. Zwiebel schälen und klein würfeln. Möhre schälen und in kleine Stücke schneiden. Kartoffel schälen, waschen und klein würfeln.

2. In einem Topf 20 g Butter zerlassen, darin die Zwiebel bei kleiner Hitze goldgelb andünsten. Möhrenstücke zugeben und 3–4 Min. bei mittlerer Hitze unter gelegentlichem Rühren mitgaren. Tomatenmark und Kreuzkümmel unterrühren und kurz mitrösten, alles salzen und pfeffern. Linsen und Kartoffel zugeben, die Brühe angießen und alles gut durchrühren. Die Suppe zugedeckt 25–30 Min. bei kleiner bis mittlerer Hitze köcheln lassen, bis die Linsen vollständig zerkocht sind.

3. Inzwischen den Spinat verlesen, waschen und gut trocken schleudern. Die übrige Butter in einer kleinen Pfanne zerlassen, das Paprikapulver und nach Belieben 1 Prise Pul biber zugeben und kurz aufschäumen lassen. Die Gewürzbutter vom Herd nehmen.

4. Die Linsensuppe mit dem Pürierstab fein mixen. Spinat zugeben und in 1–3 Min. unter Rühren in der Suppe zusammenfallen lassen. Joghurt untermischen und die Suppe mit Salz, Pfeffer und Zitronensaft abschmecken. Die Linsensuppe auf Teller verteilen und mit Paprikabutter beträufeln. Nach Belieben mit dem restlichen Pul biber bestreuen.

TIPP

Mercimek Çorbasi – Linsensuppe ist ein Standardgericht in der türkischen Küche. Für etwas mehr Frische und Vitamine sorgt der Spinat, den klassische Rezepte eigentlich nicht vorsehen, der aber prima ins Rezept passt.

Geschmolzene Butter, die mit Paprika, Kreuzkümmel oder getrockneter Minze aromatisiert und dann über Joghurt oder Suppe geträufelt wird – das ist bei türkischen Gerichten gang und gäbe. Hier zeigt sich auf leckerste Weise: Fett ist ein Geschmacksträger!

Bei orientalischen Süßigkeiten denkt man sofort an kandierte Früchte, Marzipan, pistaziengefüllte Baklava und an mit Sirup getränktes und mit Rosenwasser parfümiertes Gebäck. Dabei wird lustvoll über die Stränge geschlagen und kleine Süßschnäbel wie ich kommen voll auf ihre Kosten. Das ist für mich auch völlig in Ordnung – zumindest gelegentlich. Denn auch im Orient isst man diese Kalorienbomben nicht jeden Tag, sondern nur zu bestimmten Anlässen und in nur kleinen Portionen. Sie sind ein süßes Zeichen von Gastfreundschaft und Wertschätzung. Und sie stecken voller guter Zutaten: Nüsse, Früchte und Gewürze lassen sie verführerisch duften und schmecken. Darum gönne ich sie meiner Familie und mir, meinen Gästen und Freunden auch ab und an – als etwas Besonderes und etwas besonders Leckeres.

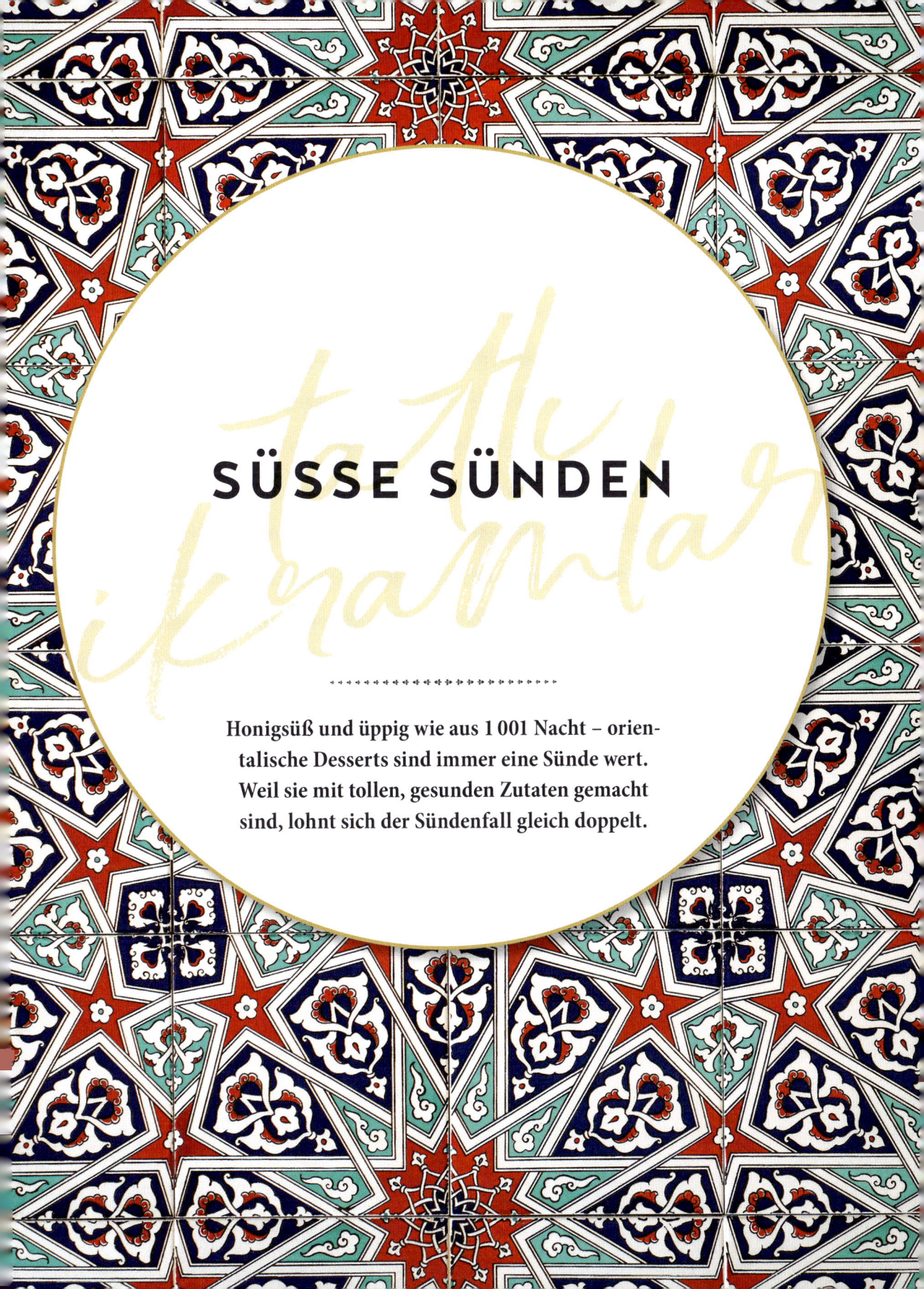

SÜSSE SÜNDEN

Honigsüß und üppig wie aus 1 001 Nacht – orientalische Desserts sind immer eine Sünde wert. Weil sie mit tollen, gesunden Zutaten gemacht sind, lohnt sich der Sündenfall gleich doppelt.

MOKKA-PANNA-COTTA

FÜR 4 PERSONEN (4 Förmchen à 125 ml) • **ZUBEREITUNG:** 25 Min. • **ZIEHEN:** 30 Min. •
KÜHLEN: 5 Std. • **PRO PORTION:** ca. 345 kcal

FÜR DIE MOKKA-PANNA-COTTA:
200 g Sahne
300 ml Milch
30 g Kaffeebohnen
2 EL Zucker
4 Blatt weiße Gelatine

FÜR DEN SIRUP:
4 grüne Kardamomkapseln
60 g Zucker

AUSSERDEM:
4 Feigen
4 Puddingförmchen

1. Für die Mokka-Pannacotta Sahne, Milch und Kaffeebohnen in einen Topf geben und aufkochen lassen. Zucker zugeben und rühren, bis er sich gelöst hat. Auf der ausgeschalteten Herdplatte 30 Min. ziehen lassen. (Wer Zeit hat, lässt die abgekühlte Sahnemischung mit den Kaffeebohnen über Nacht im Kühlschrank ziehen – das bringt noch mehr Mokka-Aroma!)

2. Inzwischen für den Sirup Kardamomkapseln in einem Mörser anquetschen. Zucker in einer kleinen beschichteten Pfanne hellbraun karamellisieren lassen. Vorsichtig mit 180 ml Wasser ablöschen – Achtung, das zischt und kann spritzen. Kardamom zugeben und den Karamell unter Rühren loskochen lassen. So lange weiterkochen, bis ein dünnflüssiger Sirup entstanden ist. Vom Herd nehmen und abkühlen lassen.

3. Die Gelatine nach Packungsanweisung in einer Schüssel mit kaltem Wasser einweichen. Die Kaffeesahne nochmals richtig erhitzen. Gelatine aus dem Wasser nehmen, ausdrücken und unter Rühren in der heißen, aber keinesfalls kochenden Kaffeesahne auflösen. Die Kaffeesahne durch ein feines Sieb in die Förmchen gießen. Zugedeckt in 5 Std. (besser über Nacht) im Kühlschrank fest werden lassen.

4. Feigen waschen, putzen und quer in Scheiben schneiden. Die Förmchen mit der Unterseite kurz in heißes Wasser tauchen und die Mokka-Pannacotta auf Dessertteller stürzen. Die Feigen daneben anrichten, alles mit Kardamomsirup beträufeln und servieren.

Ein zuckersüßer, heißer türkischer Mokka ist etwas Herrliches. In vielen arabischen Ländern wird der Kaffee zusätzlich mit Gewürzen wie Zimt und Kardamom verfeinert – das brachte mich auf die Idee zu diesem fein-würzigen, anregenden Dessert.

TÜRKISCHER REISPUDDING

FÜR 4 PERSONEN • **ZUBEREITUNG:** 40 Min. • **PRO PORTION:** ca. 460 kcal

FÜR DEN PUDDING:

120 g Milchreis
½ Vanilleschote
400 ml Milch
1 ½ EL Speisestärke
70 g Zucker
Salz
3 Msp. gemahlener Kardamom
   (nach Belieben)
100 g Sahne

FÜR DAS TOPPING:

50 g Pistazienkerne
½ Granatapfel
2 EL Zucker
½ TL Zimtpulver

1. Für den Pudding Reis in ein Sieb geben und mit kaltem Wasser abbrausen, bis das Wasser deutlich klarer wird. Vanilleschote aufschlitzen, das Mark herauskratzen. Die Schote mit 200 ml Wasser in einen Topf geben und aufkochen lassen. Den abgetropften Reis zugeben, einmal aufkochen, dann bei kleiner Hitze 10–15 köcheln lassen, bis der Reis fast weich ist.

2. Inzwischen 150 ml Milch mit der Speisestärke in einer Schüssel glatt und klümpchenfrei verrühren, dann Vanillemark, Zucker, 1 Prise Salz und nach Belieben gemahlenen Kardamom untermischen. Die Sahne und die übrige Milch zum Reis in den Topf geben und unter Rühren mit dem Schneebesen zum Kochen bringen. Den Topf vom Herd nehmen und die Stärkemilch unter Rühren langsam zugießen.

3. Den Topf wieder auf den Herd stellen und den Pudding bei kleiner bis mittlerer Hitze 10–15 Min. offen köcheln lassen; aufpassen, dass er nicht anbrennt. Der Pudding sollte am Ende deutlich eingedickt und cremig sein. In Schälchen verteilen und abkühlen lassen.

4. Währenddessen für das Topping Pistazien in einer Pfanne ohne Fett rösten, bis sie leicht bräunen und duften. Abkühlen lassen und grob hacken. Granatapfelkerne aus der Schale lösen, Zucker und Zimt mischen. Den Pudding mit Zimtzucker, Pistazien und Granatapfelkernen bestreuen.

TIPP
Für türkischen Ofen-Reispudding – Sütlaç Tarifi – den Backofengrill vorheizen, dabei ein tiefes Blech ca. 2 cm hoch mit Wasser füllen und mitaufheizen (Mitte). Den in ofenfeste Schälchen gefüllten Pudding ins Wasser stellen und 8–10 Min. übergrillen, bis er Blasen wirft und bräunt. Herausnehmen, abkühlen lassen oder noch warm servieren. Nach Wunsch mit Zimtzucker bestreuen.

Hier waren meine Mutter und ich uns sofort einig: Dieser türkische Klassiker muss unbedingt ins Buch. Die Kombination aus den fruchtig-herben Quitten und dem süßsauren, aromatisch duftenden Gewürzsud ist einfach unschlagbar. Dies ist wirklich eins meiner absoluten Lieblingsdesserts!

QUITTEN IN GEWÜRZSIRUP

FÜR 4 PERSONEN • **ZUBEREITUNG:** 15 Min. • **GAREN:** 1 Std. 15 Min. •
PRO PORTION: ca. 445 kcal

2 große Quitten
1 Zitrone
325 g Zucker
1 Stange Zimt
1 Sternanis
4 Nelken
100 g Kaymak (aus dem türki-
    schen Lebensmittelladen; er-
    satzweise Crème double)

AUSSERDEM:
Zimtpulver zum Bestäuben

1. Die Quitten waschen und (am besten mit dem Sparschäler) schälen,
dann längs halbieren. Die Kerngehäuse und Stielansätze entfernen. Den
Saft der Zitrone auspressen und mit 280 g Zucker, Zimt, Sternanis, Nelken
und 500 ml Wasser in einen Topf geben. Die Quitten sofort zugeben, damit
sie nicht braun werden. Alles unter Rühren erhitzen, bis sich der Zucker
gelöst hat, dann offen bei mittlerer Hitze ca. 15 Min. garen – die Quitten
dürfen nicht richtig weich werden.

2. Inzwischen den Ofen auf 220° vorheizen. Die Quitten mit den Gewürzen
und der Hälfte des Suds dicht an dicht in eine möglichst passende, ofenfeste Form geben. Den übrigen Zucker über die Quitten streuen. Die Früchte
im heißen Ofen (Mitte) 45–60 Min. garen, bis sie weich sind, dabei zwischendurch mit dem restlichen Garsud beträufeln.

3. Die Form aus dem Ofen nehmen und die Quitten darin auskühlen lassen. Zum Servieren die Quitten abtropfen lassen, mit der ausgehöhlten Seite nach oben in Dessertschälchen legen und etwas Würzsirup in die Schälchen gießen. Jeweils 25 g Kaymak in die Aushöhlungen geben, die Quitten
mit Zimt bestäuben und servieren.

TIPP
Bei Kaymak handelt es sich um die dicke, feste Rahmschicht, die
nach mehrstündigem Erhitzen von Kuhmilch abgeschöpft wird. Man
bekommt Kaymak abgepackt in türkischen Lebensmittelgeschäften.
Als Ersatz eignen sich Crème double oder englische Clotted Cream, die
Kaymak in Herstellung und Geschmack ähneln.

JOGHURTKUCHEN

FÜR 1 SPRINGFORM (26 cm ø – 12 Portionen) • **ZUBEREITUNG:** 30 Min. • **BACKEN:** 45 Min. • **PRO PORTION:** ca. 510 kcal

FÜR DEN SIRUP:
400 g Zucker
1 Bio-Zitrone
1 Stange Zimt

FÜR DEN KUCHEN:
500 g Joghurt (3,5 % Fett)
4 Eier (M)
200 g Zucker
125 g Butter
1 Vanilleschote
500 g Hartweizengrieß
1 Pck. Backpulver
70 g Kokosraspel

1. Für den Sirup Zucker mit 600 ml Wasser in einen Topf geben. Zitrone heiß waschen und abtrocknen. Von der Schale einen ca. 6 cm langen Streifen abschneiden, den Saft auspressen. Schale und Zimtstange in den Topf geben und alles unter Rühren aufkochen. Die Mischung bei großer Hitze in ca. 5 Min. zu einem dünnflüssigen Sirup einkochen lassen. Vom Herd nehmen, Zitronensaft unterrühren und abkühlen lassen.

2. Für den Kuchen den Backofen auf 180° vorheizen. Joghurt, Eier und Zucker gründlich mit dem Schneebesen verrühren. Die Butter in einer kleinen Pfanne zerlassen. Die Springform dünn mit etwas Butter ausstreichen, die restliche Butter unter die Joghurtmasse rühren. Die Vanilleschote aufschlitzen und das Mark herauskratzen. Vanillemark, Grieß und Backpulver in einer zweiten Schüssel vermengen und mit der Joghurtmischung verrühren. Die Masse in die Form geben, glatt streichen und im heißen Ofen (Mitte) in 40–45 Min. goldbraun backen.

3. Den Kuchen herausnehmen und 5 Min. ruhen lassen. Dann den abgekühlten Sirup durch ein feines Sieb nach und nach darübergießen. Dabei immer kurz warten, bis der Kuchen den Sirup aufgesogen hat. Den Joghurtkuchen abkühlen lassen und mit Kokosraspeln bestreuen. Zum Servieren in kleine Quadrate oder Rauten schneiden.

TIPP

Yoğurt Tatlısı – Joghurtkuchen – oder Revani sind türkische Gebäckklassiker. Die Grundlage bildet bei beiden ein Grießkuchen, der mit reichlich Zuckersirup getränkt wird. Das macht sie herrlich saftig und auch allen Bedenken zum Trotz nicht übermäßig süß.

KNUSPERRÖLLCHEN

FÜR 20 STÜCK • **ZUBEREITUNG:** 45 Min. • **BACKEN:** 25 Min. • **PRO STÜCK:** ca. 270 kcal

250 g Yufkateig (ca. 10 rechteckige Blätter; ersatzweise Filoteig)
200 g weiche getrocknete Datteln
  (z. B. Medjool)
200 g Mandeln
200 g Walnusskerne
60 g Pistazienkerne
1 Bio-Orange
4 EL Zitronensaft
6 EL Honig
¼ TL gemahlener Kardamom
1 TL Zimtpulver
100 g Butter

AUSSERDEM:
Puderzucker zum Bestäuben

1. Den Teig 30 Min. Zimmertemperatur annehmen lassen. Inzwischen die Datteln halbieren, entsteinen und in kleine Stücke schneiden. Mandeln, Walnüsse und Pistazien portionsweise im Blitzhacker grob zerkleinern. Die Nussmasse mit den Datteln mischen und portionsweise im Blitzhacker noch feiner zerkleinern – besser nicht zu viel Nussmischung auf einmal nehmen, sonst könnte das Gerät heiß laufen.

2. Die Orange heiß waschen und abtrocknen. Die Schale fein abreiben, den Saft auspressen. 5 EL Orangensaft, Orangenschale, Zitronensaft, Honig, Kardamom und Zimtpulver gründlich mit der Nuss-Dattel-Masse mischen. Die Masse in 20 etwa gleich große Portionen teilen und daraus jeweils ca. 10 cm lange Röllchen formen.

3. Den Backofen auf 200° vorheizen und ein Blech mit Backpapier auslegen. Inzwischen die Butter in einem kleinen Topf bei niedriger Hitze zerlassen. Die Teigblätter einzeln auslegen und einmal quer halbieren. Je ein Röllchen auf den unteren Rand eines Teigstreifens legen, sodass links und rechts noch ein wenig Rand bleibt. Diese Ränder über die gesamte Länge des Teigstreifens nach innen über die Füllung schlagen, dann den Teig der Länge nach über die Füllung nach oben aufrollen.

4. Die Röllchen ringsum mit Butter bestreichen und mit der Nahtseite nach unten auf das Blech legen. Im heißen Ofen (Mitte) in 20–25 Min. goldbraun und knusprig backen, dabei einmal wenden. Die Knusperröllchen herausnehmen und abkühlen lassen. Mit Puderzucker bestäuben und servieren.

Gemeinsam an einer Tafel zu sitzen oder sogar von einer einzigen großen Platte zu essen ist in orientalischen Familien die Regel und freigebiges Bewirten ein Gebot der Gastfreundschaft. Als Einzelkind einer alleinerziehenden Mutter liebe ich diese Tradition umso mehr. Zum Glück hatte ich eine große »Familie« im Kiez. Einige türkische und arabische Nachbarn luden mich regelmäßig zu ihren gemeinsamen Mahlzeiten ein, wenn meine Mutter Schichtdienst hatte. Dort wurde ich gehätschelt und verwöhnt, speziell von einer Nachbarin, die mich immer mit den abgefahrensten Desserts überraschte. Darum lade ich heute, wann immer Zeit und Möglichkeit besteht, Freunde ein. Am liebsten serviere ich dann »Meze« – lauter kleine in einzelne Schüsselchen gepackte Köstlichkeiten. Jeder nimmt was und wie viel er möchte und es bleibt wunderbar Zeit zum Lachen und Tratschen.

FÜR DIE GROSSE TAFEL

Familie und Freunde vereint an einem langen
Tisch mit möglichst vielfältigen, kleinen und
farbenprächtigen Speisen – das ist für mich beste
orientalische Ess- und Küchentradition.

HUMMUS & HAYDARI

FÜR 4 PERSONEN • **ZUBEREITUNG:** 30 Min. • **RUHEN:** 1 Std. 30 Min. •
PRO PORTION: ca. 395 kcal

FÜR DAS HUMMUS:

1 Dose Kichererbsen (400 g)
1 Knoblauchzehe
1 ½ EL Tahin (Sesampaste)
1 Zitrone
4 EL Olivenöl
½ TL gemahlener Kreuzkümmel
¾ TL edelsüßes Paprikapulver
3 Msp. Chilipulver
Salz – Pfeffer

FÜR DAS HAYDARI:

350 g türkischer Joghurt
    (10 % Fett; ersatzweise grie-
    chischer Joghurt)
100 g Schafskäse (Feta)
1 Knoblauchzehe
8 Stängel glatte Petersilie
¼ Bund Dill
1 Stängel Minze
1 TL Zitronensaft
Salz – Pfeffer

AUSSERDEM:

Pul biber zum Bestreuen

1. Für das Hummus Kichererbsen in ein Sieb abgießen, dabei das Einlegewasser auffangen. Ein paar Kichererbsen beiseitelegen. Knoblauch schälen, grob würfeln und mit Tahin und Kichererbsen in eine hohe Schüssel oder einen Standmixer geben. Die Zitrone halbieren und den Saft auspressen. Die Hälfte vom Zitronensaft, Olivenöl, Kreuzkümmel, ½ TL Paprikapulver und 2–3 Msp. Chili zu den Kichererbsen geben.

2. Alles möglichst fein mit dem Pürierstab oder im Mixer pürieren. Dabei so viel von dem Einlegewasser zugeben, bis eine homogene, cremige Masse entstanden ist. Das Hummus mit Salz, Pfeffer und eventuell etwas Zitronensaft abschmecken. Mit den beiseitegelegten Kichererbsen und dem übrigen Paprikapulver bestreut servieren.

3. Für das Haydari ein Sieb mit einem sauberen Mulltuch auslegen und über eine Schüssel hängen. Den Joghurt in das Sieb geben und 30 Min. abtropfen lassen. Inzwischen den Schafskäse mit einer Gabel fein zerdrücken. Knoblauch schälen und dazupressen. Die Kräuter waschen, trocken schütteln, Blättchen bzw. Spitzen abzupfen und fein schneiden.

4. Das Tuch über dem Joghurt zusammendrehen und nochmals Flüssigkeit herauspressen. Joghurt mit Schafskäse, Knoblauch und Kräutern verrühren und mit Zitronensaft, Salz und Pfeffer würzen. Das Haydari 1 Std. im Kühlschrank ziehen lassen, dann mit Pul biber bestreut servieren.

Diese Dips sind der Knaller auf jedem Meze-Büfett: Ich stelle sie einfach zusammen mit Fladenbrot, Oliven, Schafskäsewürfeln, Pastırma und anderen Kleinigkeiten zum Schnabulieren auf den Tisch – du glaubst nicht, wie schnell alles weg ist.

AUBERGINENDIP & ROTE-BETE-DIP

FÜR 4 PERSONEN • **ZUBEREITUNG:** 25 Min. • **GAREN:** 1 Std. • **PRO PORTION:** ca. 460 kcal

FÜR DEN AUBERGINEN-DIP:

3 große Auberginen
2 Knoblauchzehen
2 EL Tahin (Sesampaste)
5 EL Zitronensaft
150 g türkischer Joghurt
    (10 % Fett; ersatzweise grie-
    chischer Joghurt)
1 ½ TL gemahlener Kreuz-
    kümmel
Salz – Pfeffer
2 EL Olivenöl
2 EL gehackte Petersilie (nach
    Belieben)

FÜR DEN ROTE-BETE-DIP:

250 g vorgegarte Rote Bete
120 g Schafskäse (Feta)
1 Knoblauchzehe
5 Stängel Dill
2 EL Raki
3 EL Olivenöl
½ TL gemahlener Kreuzkümmel
Salz – Pfeffer
2 Spritzer Zitronensaft

1. Für den Auberginendip den Backofengrill vorheizen und ein Backblech mit Alufolie auslegen. Die Auberginen waschen und mit einem spitzen Messer ringsum mehrmals tief einstechen. Auf das Blech legen und im Ofen (oben) 45–60 Min. grillen, dabei nach jeweils 15–20 Min. wenden, so-dass sie ringsum fast anbrennen und innen ganz weich werden. Herausnehmen, in einem Sieb abkühlen und abtropfen lassen. Anschließend die Auberginen längs halbieren, das Fruchtfleisch mit einem Löffel aus der Schale kratzen und klein schneiden.

2. Etwa die Hälfte des Auberginenfruchtfleisches in eine hohe Schüssel oder einen Mixbecher geben. Knoblauch schälen, hacken und mit Tahin, 4 EL Zitronensaft und 2 EL Joghurt zugeben. Alles fein pürieren, dann restlichen Joghurt und Auberginenfruchtfleisch unterrühren. Mit Kreuzkümmel, Salz, Pfeffer und eventuell übrigem Zitronensaft würzen. Olivenöl unterrühren und nach Wunsch mit Petersilie bestreuen.

3. Für den Rote-Bete-Dip die Roten Beten und den Schafskäse klein schneiden. Knoblauch schälen und hacken. Alles in eine hohe Schüssel oder einen Mixbecher geben. Dill waschen, trocken schütteln und fein hacken. Etwa ein Drittel beiseitelegen, den Rest mit dem Raki zur Roten-Bete-Mischung geben. Alles mit dem Pürierstab fein und cremig mixen, dabei das Öl zugießen. Anschließend den Dip mit Kreuzkümmel, Salz, Pfeffer und Zitronensaft abschmecken. Vor dem Servieren den restlichen Dill unterrühren und ein wenig davon obenauf streuen.

Meine Mutter stammt ursprünglich vom Schwarzen Meer, einer Gegend, in der Haselnusssträucher wunderbar gedeihen und Nüsse in großen Mengen geerntet werden. In Butter geröstet schmecken sie super intensiv. Außerdem ergänzen sie mit ihrem Crunch perfekt die zarte Linsencreme.

LINSEN-FAVA

FÜR 4 PERSONEN • **ZUBEREITUNG:** 20 Min. • **GAREN:** 30 Min. • **PRO PORTION:** ca. 325 kcal

150 g rote Linsen
1 Zwiebel
1 Knoblauchzehe
1 Zweig Thymian
4 EL Olivenöl
1 Lorbeerblatt
Salz
4 Stängel Dill
1 Frühlingszwiebel
1 EL Butter
40 g gehobelte Haselnusskerne
½ Zitrone
Pfeffer

1. Linsen in einem Sieb mit kaltem Wasser abbrausen und abtropfen lassen. Zwiebel und Knoblauch schälen und klein würfeln. Thymian waschen und trocken schütteln. 2 EL Olivenöl in einem Topf erhitzen, darin Zwiebel und Knoblauch langsam bei mittlerer Hitze goldgelb dünsten.

2. Abgetropfte Linsen, Thymian und Lorbeerblatt in den Topf geben und alles unter Rühren 1 Min. andünsten. 400 ml Wasser angießen und aufkochen. Sofort die Hitze reduzieren und die Linsen zugedeckt bei mittlerer Hitze in 20–30 Min. garen – sie sollten richtig weich sein und zerfallen. Die Linsen gegen Garzeitende salzen, Lorbeer und Thymian entfernen.

3. Die Linsen in ein Sieb abgießen, dabei die Garflüssigkeit auffangen. Die Linsen mindestens lauwarm abkühlen lassen. Inzwischen den Dill waschen und trocken schütteln, die Spitzen abzupfen und nicht zu fein hacken. Frühlingszwiebel waschen, putzen und mit dem Grün in Ringe schneiden. Butter in einer kleinen Pfanne zerlassen, die Haselnussblättchen darin unter Rühren goldbraun braten. Vom Herd nehmen und leicht salzen. Die Zitronenhälfte auspressen.

4. Die Linsen mit übrigem Olivenöl und 1 EL Zitronensaft fein pürieren, dabei so viel Kochwasser wie nötig zugeben. Die Creme mit Salz, Pfeffer und eventuell Zitronensaft abschmecken und in einer flachen Schale glatt streichen. Haselnüsse samt Butter darauf verteilen und alles mit Frühlingszwiebel und Dill bestreut servieren.

TABOULEH STYLE KISIR

FÜR 4 PERSONEN • **ZUBEREITUNG:** 25 Min. • **RUHEN:** 45 Min. • **PRO PORTION:** ca. 240 kcal

150 g feiner Bulgur
3 Tomaten
4 milde grüne türkische Peperoni
(ersatzweise 2 grüne türkische
Spitzpaprika)
4 Frühlingszwiebeln
1 großes Bund glatte Petersilie
4 Stängel Minze
1 Zitrone
1 EL Tomatenmark
¼ TL gemahlener Kreuzkümmel
¾ TL edelsüßes Paprikapulver
3 EL Olivenöl
Salz – Pfeffer

AUSSERDEM:
1 Mini-Römersalat

1. Den Bulgur in eine Schüssel geben und mit 225 ml warmem Wasser übergießen. Alles gut durchrühren und 30 Min. zugedeckt quellen lassen, bis das Wasser komplett aufgesogen ist.

2. Inzwischen Tomaten waschen, halbieren, von Kernen und Stielansatz befreien und klein würfeln. Peperoni waschen, halbieren, weiße Trennwände und Kerne entfernen und die Hälften quer in Streifen schneiden. Frühlingszwiebeln waschen, putzen und mit dem Grün in Ringe schneiden. Die Kräuter waschen, trocken schütteln und die Blättchen fein hacken. Die Zitrone halbieren und den Saft auspressen.

3. Das Tomatenmark mit Kreuzkümmel, Paprikapulver, der Hälfte Zitronensaft und dem Olivenöl glatt verrühren, salzen und pfeffern. Das Dressing gründlich mit dem Bulgur mischen, mit Zitronensaft abschmecken. Tomaten, Peperoni, Frühlingszwiebeln und Kräuter unterheben und den Bulgursalat 10–15 Min. ziehen lassen.

4. Den Römersalat in einzelne Blätter teilen, diese waschen und trocken tupfen. Den Salat vor dem Servieren nochmals mit Zitronensaft, Salz und Pfeffer abschmecken, dann in die Blätter füllen und servieren.

Kısır servieren wir, wie in der Türkei üblich, gerne in Mini-Römersalatblätter gefüllt auf einem großen Tablett. Die Salatschiffchen sind perfektes Fingerfood zu einem Glas Raki – da braucht es nicht mal einen Teller, geschweige denn Besteck!

GEBRATENE SARDELLEN MIT ZITRONEN-AIOLI

FÜR 4 PERSONEN • **ZUBEREITUNG:** 50 Min. • **PRO PORTION:** ca. 970 kcal

FÜR DIE AIOLI:

1 festkochende Kartoffel
   (ca. 100 g)
1 Ei (M)
150 g türkischer Joghurt
   (10 % Fett; ersatzweise griechischer Joghurt)
½ Bio-Zitrone
2 Knoblauchzehen
150 ml Sonnenblumenöl
Salz – Pfeffer

FÜR DIE SARDELLEN:

1 kg Sardellen (ersatzweise
   küchenfertige Sardinen)
Salz
1 Zitrone
4 EL Olivenöl
200 g Maismehl

AUSSERDEM:

Öl zum Braten
Meersalz zum Bestreuen (nach
   Belieben)

1. Für die Aioli die Kartoffel waschen und in 20 Min. bei mittlerer Hitze zugedeckt garen. Abgießen und leicht abkühlen lassen. Dann pellen, durch ein feines Sieb streichen und auskühlen lassen. Inzwischen Ei und Joghurt Zimmertemperatur annehmen lassen.

2. Für die Sardellen die Fische waschen, trocken tupfen und längs an der Bauchseite aufschneiden. Den Kopf abtrennen, die Innereien entfernen, dann die Sardellen aufklappen und das Rückgrat mit den Gräten herausziehen. Die Sardellen salzen. Die Zitrone halbieren und den Saft auspressen. Den Zitronensaft und das Olivenöl mit den Sardellen mischen. Abgedeckt 20 Min. im Kühlschrank ziehen lassen.

3. Währenddessen die Zitronenhälfte heiß waschen und abtrocknen. 1 TL Schale fein abreiben, den Saft auspressen. Knoblauch schälen, hacken und mit Ei und Öl in einen Mixbecher geben. Den Pürierstab auf den Boden des Bechers setzen und alles fein mixen. Dabei den Stab immer wieder von unten nach oben ziehen, bis eine dickliche Mayonnaise entstanden ist. Dann Kartoffelschnee, Joghurt und Zitronenschale unterrühren. Die Aioli mit Salz, Pfeffer und 1–2 TL Zitronensaft abschmecken.

4. Maismehl auf eine Platte geben. Sardellen abtropfen lassen und beidseitig im Mehl wenden, überschüssiges Mehl abschütteln. Eine weite, hohe Pfanne ca. 2 cm hoch mit Öl befüllen und erhitzen – das Öl ist heiß genug, wenn an einem hineingehaltenen Holzlöffelstiel sofort kleine Bläschen sprudelnd aufsteigen. Die Sardellen portionsweise knusprig braun ausbacken. Auf Küchenpapier abtropfen lassen, dann nach Belieben mit etwas Meersalz bestreuen und mit der Aioli servieren.

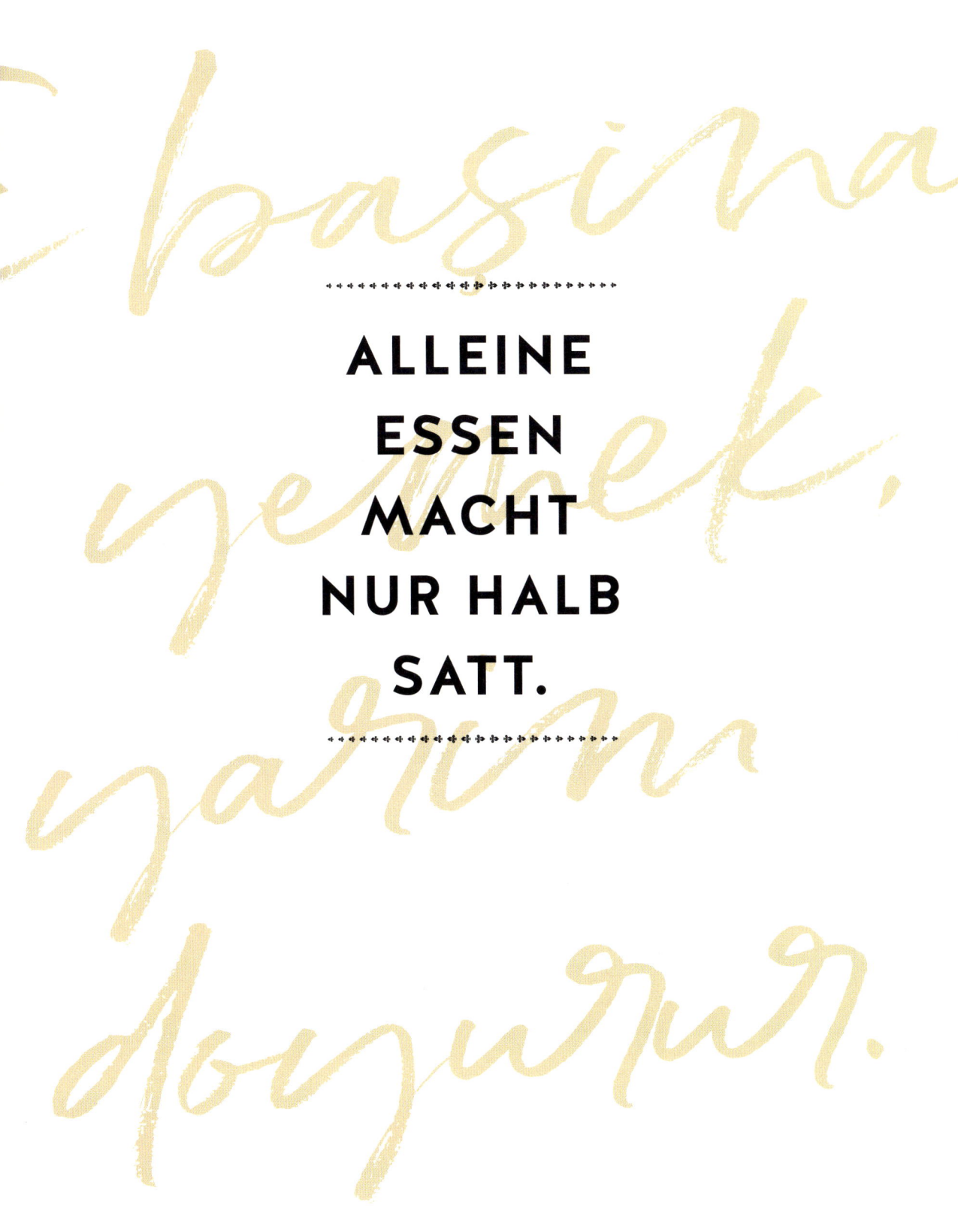

ALLEINE
ESSEN
MACHT
NUR HALB
SATT.

ATOMJOGHURT MIT PAPRIKA

FÜR 4 PERSONEN • **ZUBEREITUNG:** 20 Min. • **RUHEN:** 12 Std. 30 Min. •
PRO PORTION: ca. 295 kcal

500 g türkischer Joghurt
   (10 % Fett; ersatzweise griechischer Joghurt)
Salz
3 lange getrocknete rote Chilischoten
⅓ Bund glatte Petersilie
400 g grüne türkische Spitzpaprika
2 Knoblauchzehen
Salz – Pfeffer
50 g Butter

AUSSERDEM:
Olivenöl zum Braten

1. Ein feines Sieb mit einem sauberen Mulltuch auslegen. Den Joghurt leicht salzen, hineingeben und das Tuch über dem Joghurt zusammenschlagen. Das Sieb über eine Schüssel hängen und den Joghurt 12 Std. im Kühlschrank abtropfen lassen.

2. Am nächsten Tag das Tuch über dem Joghurt zusammendrehen und nochmals möglichst viel Flüssigkeit herauspressen. Die Chilischoten mit einer Schere in ca. 1 cm breite Ringe schneiden, dabei Stiele und Kerne entfernen. Die Chiliringe in einer kleinen Schüssel mit kochend heißem Wasser übergießen, sodass sie gut bedeckt sind – eventuell mit einem kleinen Teller beschweren. Die Chilis 30 Min. ziehen lassen, anschließend gut trocken tupfen. Die Petersilie waschen und trocken schütteln. Die Blättchen abzupfen und grob schneiden.

3. Paprika waschen und trocken tupfen. Knoblauch schälen und in Scheiben schneiden. In einer beschichteten Pfanne reichlich Öl erhitzen, darin die Paprika 3–5 Min. unter gelegentlichem Rühren braten, bis sie bräunen und die Haut leicht Blasen wirft. Nach ein paar Min. den Knoblauch unterrühren. Die Paprika salzen, pfeffern und vom Herd nehmen.

4. Joghurt auf einer Servierplatte flach streichen. Paprika darum herum anrichten. Butter in einer kleinen Pfanne zerlassen, Chilis hineingeben und unter Rühren aufschäumen lassen, dabei darauf achten, dass die Chilis nicht zu dunkel und damit bitter werden. Chilis samt Butter auf dem Joghurt verteilen, alles mit Petersilie bestreuen und servieren.

TIPP
Wer keine türkischen Paprika bekommt, kann zur Not auch spanische Pimientos de Padrón nehmen. Diese milden kleinen Paprikaschoten gibt es inzwischen abgepackt in vielen Supermärkten.

Du fragst dich, woher der komische Name »Atomjoghurt« kommt? Wenn du das Rezept erst einmal ausprobiert hast, dann wirst du es garantiert sofort wissen. Aber keine Sorge: Der kühlende Joghurt hilft bestimmt bei der kleinen Schärfeexplosion im Mund!

OFENKÜRBIS MIT SCHAFSKÄSECREME

FÜR 4 PERSONEN • **ZUBEREITUNG:** 15 Min. • **GAREN:** 40 Min. • **PRO PORTION:** ca. 445 kcal

FÜR DEN KÜRBIS:
1 Hokkaido-Kürbis (ca. 1 kg)
2 rote Zwiebeln
3 EL Olivenöl
1 TL gemahlener Kreuzkümmel
Salz – Pfeffer
1 TL Schwarzkümmel
¾ TL Pul biber (nach Belieben; aus dem türkischen Lebensmittelladen)

FÜR DIE CREME:
200 g Schafskäse (Feta)
1 Knoblauchzehe
1 Bund Dill
300 g türkischer Joghurt (10 % Fett; ersatzweise griechischer Joghurt)
½ TL gemahlener Kreuzkümmel
Salz – Pfeffer
2 Spritzer Zitronensaft

1. Für den Kürbis den Backofen auf 220° vorheizen, ein Blech mit Backpapier auslegen. Den Kürbis waschen, putzen und längs in 5 cm dicke Spalten schneiden, diese einmal quer halbieren. Die Zwiebeln schälen und längs in 3 cm große Spalten schneiden. Das Olivenöl mit Kreuzkümmel verrühren, dann mit Kürbis und Zwiebeln direkt auf dem Blech mischen. Alles nebeneinander verteilen, salzen und pfeffern.

2. Die Kürbisspalten im heißen Ofen (Mitte) in 30–40 Min. garen, bis sie weich und leicht gebräunt sind, währenddessen einmal durchmischen. Etwa 10 Min. vor Garzeitende den Schwarzkümmel unterrühren.

3. Inzwischen für die Creme den Schafskäse mit einer Gabel zerdrücken. Knoblauch schälen und durch die Presse drücken. Dill waschen und trocken schütteln. Die Spitzen abzupfen und grob hacken. Die Hälfte vom Dill mit Knoblauch und Schafskäse unter den Joghurt rühren. Die Creme mit Kreuzkümmel, Salz, Pfeffer und Zitronensaft würzen.

4. Die fertig gegarten Kürbisspalten aus dem Ofen nehmen, mit der Schafskäsecreme beträufeln, mit dem übrigen gehackten Dill und nach Belieben Pul biber bestreuen und servieren.

SCHAFSKÄSE-SÜSS-KARTOFFEL-TASCHEN

FÜR 6 PERSONEN (24 Stück) • **ZUBEREITUNG:** 1 Std. 10 Min. • **BACKEN:** 50 Min. •
PRO PORTION: ca. 540 kcal

200 g Yufkateig (ca. 8 rechteckige
    Blätter; ersatzweise Filoteig)
2 Süßkartoffeln (ca. 750 g)
1 kleine Stange Lauch
1 große Zwiebel
2 Knoblauchzehen
3 EL Olivenöl
½ TL getrockneter Oregano
½ TL gemahlener Kreuzkümmel
⅓ TL Pul biber (aus dem türki-
    schen Lebensmittelladen)
Salz – Pfeffer
200 g Schafskäse (Feta)
½ Bund glatte Petersilie
120 g Butter

1. Den Teig 30 Min. Zimmertemperatur annehmen lassen. Inzwischen Süßkartoffeln schälen und grob raspeln. Lauch putzen, längs halbieren, waschen und klein würfeln. Zwiebel und Knoblauch schälen und fein würfeln. Öl in einer beschichteten Pfanne erhitzen, darin Zwiebel, Knoblauch und Lauch bei mittlerer Hitze braten, bis der Lauch leicht bräunt. Süßkartoffeln zugeben und bei großer Hitze in 5–7 Min. weich braten. Gewürze, Salz und Pfeffer unterrühren. Falls nötig, etwas Wasser zugeben, damit nichts anbrennt. Abkühlen lassen.

2. Den Backofen auf 200° vorheizen. Den Schafskäse mit einer Gabel zerdrücken. Die Petersilie waschen, trocken schütteln, Blättchen abzupfen und hacken. Beides unter die Süßkartoffeln mischen, salzen und pfeffern. Die Butter schmelzen. Teigblätter auf der Arbeitsfläche auslegen, quer in je drei etwa gleich breite Streifen schneiden und diese dünn mit Butter bepinseln. 1 EL Süßkartoffelmischung unten links auf jeden Teigstreifen geben. Nun den Teigstreifen von unten links samt Füllung nach rechts schlagen, sodass die Teigkante bündig auf der rechten Teigseite zum Liegen kommt – so entsteht ein Dreieck über der Füllung.

3. Das entstandene Dreieck nach oben falten, sodass wieder ein Dreieck entsteht. So immer weiter nach oben Dreiecke falten, bis der gesamte Teigstreifen aufgefaltet ist. Die Täschchen rundum mit Butter bepinseln, offene Kanten mit Butter festkleben, dann auf zwei mit Backpapier ausgelegten Blechen verteilen. Die Bleche nacheinander in den heißen Ofen (Mitte) geben und die Täschchen in 20–25 Min. goldbraun und knusprig backen. Auf einem Gitter kurz abkühlen lassen und warm servieren.

Mit nur einer Tasse Kaffee oder gar mit nüchternem Magen geht mir keiner aus dem Haus. Ohne Frühstück läuft bei mir gar nichts. Oft bin ich die Erste, die bei uns wach ist. In der ruhigen Zeit, während die anderen noch schlafen, bereite ich dann alles vor: im Alltag ein Müsli mit Joghurt, geröstetes Fladenbrot, dazu Schafskäse, Oliven und etwas Obst. Statt Wurst gibt es bei uns inzwischen immer öfter Avocado als Brotbelag: vegetarisch, gesund und unglaublich lecker! Am Wochenende und in den Ferien gönnen wir uns aber auch gern einen opulenteren Start in den Tag. Dann lade ich Freunde und Familie zum Brunch ein, mit vielen herzhaften Gerichten, Eiern, gebratener Sucuk und natürlich süßen »Pişi«, so wie man es von einem türkischen »Kahvaltı« kennt – einem Frühstück im großen Stil.

FRÜHSTÜCK

kahvalti

‹‹‹‹‹‹‹‹‹‹‹‹‹‹‹◆‹‹›‹›‹›‹›‹›‹›‹›

Frühstücken ist für mich das erste Highlight des
Tages und die wichtigste Mahlzeit für meine
Familie. Am Wochenende liebe ich es außerdem
ausgiebig mit Freunden zu brunchen.

JOGHURT MIT GRANOLA

FÜR 4 PERSONEN • **ZUBEREITUNG:** 15 Min. • **BACKEN:** 25 Min. • **PRO PORTION:** ca. 665 kcal

80 g Mandeln
150 g Haferflocken (ersatzweise
 Dinkelflocken)
30 g Sesam
40 g Kürbiskerne
30 g Kokosraspel
¼ TL Zimtpulver
3 Msp. gemahlener Kardamom
4 EL Honig
3 EL Sonnenblumenöl

AUSSERDEM:
500 g türkischer Joghurt
 (10 % Fett; ersatzweise griechischer Joghurt)
2 Feigen
125 g Himbeeren

1. Den Backofen auf 180° vorheizen, ein Blech mit Backpapier auslegen. Mandeln grob schneiden oder hacken und mit Haferflocken, Sesam, Kürbiskernen, Kokosraspeln und Gewürzen in einer Schüssel mischen. Honig und Sonnenblumenöl zugeben und alles mit einem Löffel oder den Händen zu einer klebrigen Masse vermengen.

2. Die Granolamasse auf das Blech geben und mit einem Löffel über die ganze Blechbreite flach verteilen. Im heißen Ofen (Mitte) 20–25 Min. backen, bis alles schön dunkel gebräunt ist und aromatisch duftet. Zwischendurch 1–2-mal durchrühren. Granola abkühlen lassen, eventuell nochmals durchrühren, damit nichts aneinanderklumpt.

3. Den Joghurt glatt rühren und auf vier Schälchen verteilen. Die Feigen waschen, putzen und quer in dünne Scheiben schneiden. Die Himbeeren vorsichtig waschen und abtropfen lassen. Von dem Granola je nach Belieben 2–4 EL auf den Joghurt geben. Die Feigenscheiben darauf anrichten, alles mit Himbeeren bestreuen und servieren.

TIPP
Es lohnt sich übrigens, von dem Granola ein ganzes Blech zu machen und den abgekühlten Rest in ein verschließbares Glas zu füllen – so kann man gleich an mehreren Morgen orientalisch genießen.

Im Gegensatz zu gekauften Müslimischungen habe ich es hier selbst in der Hand, wie viel Zucker enthalten ist. Aber Achtung, es besteht Suchtgefahr: Fang bloß nicht an, so von dem Granola zu naschen – dann kannst du nicht mehr damit aufhören.

PIŞI MIT ZIMTZUCKER

FÜR CA. 25 STÜCK • **ZUBEREITUNG:** 45 Min. • **RUHEN:** 1 Std. 15 Min. • **PRO STÜCK:** ca. 115 kcal

500 g Mehl
1 Pck. Trockenhefe
1 EL Zucker
1 Pck. Vanillezucker
Salz
3 EL Olivenöl

AUSSERDEM:
Mehl zum Arbeiten
100 g Zucker
2 EL Zimtpulver
1,5 l Öl zum Frittieren
Honig zum Beträufeln

1. Das Mehl mit Hefe, Zucker, Vanillezucker und ¾ TL Salz in einer Schüssel mischen. Nach und nach 400–420 ml lauwarmes Wasser und zum Schluss das Olivenöl zugeben. Dabei mit den Knethaken des Handrührgeräts den Teig auf kleiner Stufe verkneten, bis sich alle Zutaten gut verbunden haben. Dann den Teig weitere 5–7 Min. auf hoher Stufe weiterkneten, bis er elastisch und samtig weich ist.

2. Den Teig zu einer Kugel formen und in eine mit Mehl ausgestäubte Schüssel legen. Die Schüssel abdecken und den Teig an einem warmen Ort in 45–60 Min. zur doppelten Größe aufgehen lassen.

3. Den Teig auf der leicht bemehlten Arbeitsfläche mit den Händen kräftig durchkneten und anschließend knapp 1 cm dick ausrollen. Mit einem runden Ausstecher oder Glas 5–6 cm große Kreise ausstechen. Diese abgedeckt nochmals 15 Min. gehen lassen.

4. Inzwischen Zucker und Zimt mischen. Das Öl in einem großen, weiten Topf erhitzen – es ist heiß genug, wenn an einem hineingehaltenen Holzlöffelstiel sofort kleine Bläschen sprudelnd aufsteigen. Das Mehl von den Teigstücken entfernen. Jeweils 4–5 Stück auf einmal ins heiße Fett geben und in 2–4 Min. unter einmaligem Wenden goldbraun backen. Die Pişi auf Küchenpapier abtropfen lassen und warm oder frisch abgekühlt mit Zimtzucker und Honig servieren.

BAKLAVA STYLE PANCAKES

FÜR 4 PERSONEN (ca. 12 Stück) • **ZUBEREITUNG:** 40 Min. • **RUHEN:** 15 Min. •
PRO PORTION: ca. 635 kcal

25 g Butter
1 Bio-Orange
2 Eier (M)
200 g Buttermilch
4 EL Zucker
150 g Mehl
Salz
1 TL Backpulver
½ TL Zimtpulver
¼ TL gemahlener Kardamom
50 g Walnusskerne
30 g Pistazienkerne
40 g Mandelblättchen
300 g türkischer Joghurt
   (10 % Fett; ersatzweise griechischer Joghurt)

AUSSERDEM:
Butterschmalz zum Backen
4 EL Honig

1. Die Butter bei kleiner Hitze zerlassen. Die Orange heiß waschen, abtrocknen und die Schale fein abreiben. Eier, Buttermilch und Zucker mit dem Schneebesen verrühren, bis sich der Zucker gelöst hat. Dann die flüssige Butter unterrühren. Mehl, 1 Prise Salz, Backpulver, Zimt, Kardamom und die Hälfte der Orangenschale mischen, in die Buttermilchmasse geben und zügig unterrühren. Den Teig 15 Min. quellen lassen.

2. Inzwischen nacheinander Walnusskerne, Pistazien und Mandelblättchen in einer kleinen beschichteten Pfanne ohne Fett rösten, bis sie leicht bräunen und aromatisch duften. Alles abkühlen lassen, Walnüsse und Pistazien grob hacken. Den Joghurt mit der übrigen Orangenschale (bis auf einen kleinen Rest) gut verrühren.

3. In einer Pfanne ausreichend Butterschmalz erhitzen. Pro Pancake 2 EL Teig in die Pfanne geben und zu einem ca. 10 cm großen Kreis verstreichen. Die Pancakes portionsweise in 3–4 Min. pro Seite bei mittlerer Hitze goldbraun ausbacken. So nacheinander den gesamten Teig verarbeiten, fertige Pancakes eventuell im heißen Ofen bei 80° warm halten.

4. Zum Servieren je drei Pancakes locker übereinanderstapeln und etwas Joghurt daraufgeben. Mit Mandelblättchen, Walnüssen, Pistazien und Orangenschale bestreuen und alles großzügig mit Honig beträufeln.

TIPP
Wer möchte, kann zusätzlich frische Früchte zu den Pancakes reichen. Besonders lecker: Orangenfilets, Granatapfelkerne oder Beeren.

TÜRKISCHES RÜHREI - MENEMEN

FÜR 4 PERSONEN • **ZUBEREITUNG:** 25 Min. • **PRO PORTION:** ca. 250 kcal

1 kleine Zwiebel
4 Tomaten
3 grüne türkische Spitzpaprika
½ Bund glatte Petersilie
6 Eier (M)
Salz – Pfeffer
3 Msp. edelsüßes Paprikapulver
3 EL Butter

1. Zwiebel schälen und klein würfeln. Tomaten waschen, unten kreuzweise einritzen und mit kochendem Wasser übergießen. 10 Min. ziehen lassen, dann häuten. Das Fruchtfleisch klein würfeln, dabei den Stielansatz entfernen. Paprika waschen, halbieren, weiße Trennwände und Kerne entfernen und die Hälften klein würfeln. Die Petersilie waschen und trocken schütteln. Die Blättchen abzupfen und hacken. Die Eier in einer Schüssel verquirlen und mit Salz, Pfeffer und Paprikapulver würzen.

2. Die Butter in einer beschichteten Pfanne zerlassen. Darin die Zwiebel bei kleiner Hitze in ein paar Min. glasig dünsten. Die Paprika zugeben, 2–3 Min. bei mittlerer Hitze mitbraten. Dann die Tomaten zufügen und alles unter gelegentlichem Rühren bei kleiner bis mittlerer Hitze ca. 5 Min. weitergaren, leicht salzen und pfeffern.

3. Die Eier über das Gemüse gießen und bei mittlerer Hitze stocken lassen, dabei immer wieder mit einem Holzlöffel leicht durchrühren – im Gegensatz zu normalem Rührei bleibt Menemen eher feucht und damit besonders schön saftig. Das fertige Rührei erneut mit Salz und Pfeffer abschmecken, mit der gehackten Petersilie bestreuen und servieren. Dazu am besten frisches Fladenbrot oder Weißbrot reichen.

Menemen gehört für mich zu einem typischen türkischen Frühstück – für meinen Veggie-Mann eignet sich das Gemüserührei perfekt. Ich mag allerdings auch Rührei mit gebratener Sucuk oder Pastırma, das schmeckt besser als Bacon and Eggs.

In der Türkei liebt man zum Frühstück »Çemen« als Brotaufstrich, das die meisten Leute heute einfach aus Paprika- und Tomatenmark zusammenrühren. Ich habe es hier etwas orientalischer und frischer mit gegrillten Paprika abgewandelt.

tarsuse

148

ORIENTALISCHE PAPRIKAPASTE

FÜR 4 PERSONEN • **ZUBEREITUNG:** 40 Min. • **PRO PORTION:** ca. 235 kcal

3 rote Paprika
50 g Walnusskerne
4 EL Semmelbrösel
1 Knoblauchzehe
2 EL Tomatenmark
1 ½ EL Zitronensaft
1 ½ EL Granatapfelsirup (aus dem
   türkischen Lebensmittelladen)
3 EL Olivenöl
¾ TL gemahlener Kreuzkümmel
½ TL edelsüßes Paprikapulver
½ TL Pul biber (aus dem türkischen Lebensmittelladen)
Salz – Pfeffer

1. Den Backofen auf 250° vorheizen. Paprika waschen, halbieren, weiße Trennwände und Kerne entfernen und die Hälften nochmals längs halbieren. Die Viertel mit der Hautseite nach oben dicht an dicht auf ein mit Backpapier ausgelegtes Blech legen.

2. Die Paprika im heißen Ofen (oben) 20–25 Min. rösten, bis die Haut großflächig schwarze Blasen wirft. Die Paprikaviertel herausnehmen, in einer Schüssel übereinanderlegen und mit einem feuchten Tuch abdecken – so lassen sie sich später leichter häuten. Paprika lauwarm abkühlen lassen, dann die Haut mit einem Spitzmesser abziehen.

3. Inzwischen die Walnusskerne in einer Pfanne ohne Fett rösten, bis sie leicht bräunen und duften. Herausnehmen und abkühlen lassen. Semmelbrösel in die Pfanne geben und ebenfalls goldbraun rösten, abkühlen lassen. Knoblauch schälen und grob hacken.

4. Paprika, Walnusskerne, Semmelbrösel, Knoblauch, Tomatenmark, 1 EL Zitronensaft, Granatapfelsirup, Olivenöl, Kreuzkümmel, Paprikapulver und Pul biber im Blitzhacker oder mit dem Pürierstab zu einer dicken Paste mixen. Mit Salz, Pfeffer und Zitronensaft abschmecken. Die Paprikapaste zu frischem oder geröstetem Brot servieren.

GRÜNE KRÄUTER-EIER

FÜR 4 PERSONEN • **ZUBEREITUNG:** 20 Min. • **PRO PORTION:** ca. 250 kcal

5 Eier (M)
2 Frühlingszwiebeln
5 Stängel Dill
2 Stängel Minze
½ Bund glatte Petersilie
10 schwarze Oliven (entsteint)
1 TL Dijon-Senf
1 TL Honig
3 TL Weißweinessig
3 EL Olivenöl
Salz – Pfeffer
1 TL Pul biber (aus dem türkischen Lebensmittelladen)

1. Die Eier in kochendem Wasser in ca. 8 Min. garen. Anschließend herausnehmen, abschrecken und kurz in kaltes Wasser legen. Die Eier pellen und quer in ca. 5 mm dicke Scheiben schneiden.

2. Inzwischen die Frühlingszwiebeln waschen, putzen und mit dem Grün in nicht zu dünne Ringe schneiden. Die Kräuter waschen und trocken schütteln. Die Blättchen bzw. Spitzen abzupfen, ebenfalls nicht zu fein schneiden und mit den Frühlingszwiebeln mischen. Die Oliven quer halbieren oder in dicke Ringe schneiden.

3. Senf mit Honig und Essig glatt verrühren, dann das Öl kräftig unterschlagen. Das Dressing mit Salz und Pfeffer würzen.

4. Die Eier dachziegelartig überlappend auf einer Platte auslegen und mit der Kräuter-Frühlingszwiebel-Mischung und den Oliven bestreuen. Die Eier mit Dressing beträufeln und mit Pul biber bestreut servieren.

TIPP

Aus diesem leichten Frühstückssalat lässt sich im Handumdrehen ein richtiger Sattmachersalat zaubern: Dazu die Dressingmenge verdoppeln und die Eier mit 3 in Scheiben geschnittenen Pellkartoffeln (gerne Reste vom Vortag) und 1 klein geschnittenen Bund Rucola mischen.

ÇILBIR EXTRALECKER

FÜR 8 PERSONEN • **ZUBEREITUNG:** 25 Min. • **PRO PORTION:** ca. 210 kcal

1 Knoblauchzehe
500 g türkischer Joghurt
   (10 % Fett; ersatzweise griechischer Joghurt)
Salz – Pfeffer
1 kleines Bund Dill
50 g Butter
¾ TL edelsüßes Paprikapulver
¼ TL gemahlener Kreuzkümmel
3 EL Weißweinessig
8 Eier (M)

1. Den Knoblauch schälen, in eine Schüssel pressen und mit dem Joghurt glatt rühren, mit Salz und Pfeffer würzen. Dill waschen und trocken schütteln. Die Spitzen abzupfen und die Hälfte unter die Joghurtcreme rühren.

2. Die Butter bei kleiner Hitze in einem Topf zerlassen. Paprikapulver und Kreuzkümmel kurz mit der Butter aufschäumen lassen, dann sofort vom Herd nehmen – die Gewürze sollten auf keinen Fall dunkel werden, sonst schmecken sie bitter! Die Gewürzbutter warm halten und leicht salzen.

3. In einem großen Topf reichlich Wasser (ca. 1,2–1,5 l) mit 1 TL Salz und Essig zum Kochen bringen. Die Hitze reduzieren und 1 Ei vorsichtig in eine Tasse aufschlagen. Mit einem Kochlöffelstiel einen Strudel ins siedende Wasser rühren und das Ei aus der Tasse in den Strudel gleiten lassen. Mithilfe eines Löffels das Eiweiß um das Eigelb ziehen und das Ei dann ca. 4 Min. im siedenden Wasser garen. Nacheinander jeweils 4 Eier in den Topf geben – es lassen sich also jeweils 4 Eier in zwei Durchgängen garen.

4. Anschließend die Eier mit einem Schaumlöffel herausheben, gut abtropfen lassen und auf Teller verteilen. Die Joghurtsauce über die Eier gießen, sodass sie vollständig bedeckt sind. Alles mit Würzbutter beträufeln und mit Dill bestreuen. Die pochierten Eier warm mit Fladenbrot servieren.

Für ein kleines leckeres Frühstück kann man pro Person 1 Ei rechnen. Çılbır eignet sich aber auch mindestens genauso gut als leichtes sommerliches Hauptgericht – dann nimmt man besser 2 Eier, um einen Menschen rundum satt, glücklich und zufrieden zu machen.

TURKISH STYLE AVOCADOTOAST

FÜR 4 PERSONEN • **ZUBEREITUNG:** 25 Min. • **PRO PORTION:** ca. 425 kcal

4 Scheiben Weißbrot

1 Knoblauchzehe

2 Avocados

1 EL Limettensaft (ersatzweise Zitronensaft)

Salz – Pfeffer

2 EL Pinienkerne

2 Tomaten

¼ TL getrockneter Oregano

2 Stängel Minze

1 EL Butter

4 Scheiben Pastırma (aus dem türkischen Lebensmittelladen)

1. Die Brotscheiben im Toaster goldbraun rösten, währenddessen die Knoblauchzehe ungeschält halbieren. Das geröstete Brot noch warm mit der Schnittfläche der Knoblauchzehe abreiben.

2. Avocados halbieren, den Kern entfernen und das Fruchtfleisch mit einem Löffel aus der Schale lösen. Sofort mit Limettensaft beträufeln und mit einer Gabel zerdrücken, leicht salzen und pfeffern. Das Avocadomus gleichmäßig auf den Brotscheiben verteilen und etwas festdrücken.

3. Pinienkerne in einer Pfanne ohne Fett goldbraun rösten und abkühlen lassen. Tomaten waschen, halbieren, die Kerne und den Stielansatz entfernen. Das Tomatenfruchtfleisch klein würfeln, mit wenig Salz, Pfeffer und Oregano würzen und auf dem Avocadomus verteilen. Minze waschen und trocken schütteln. Die Blättchen abzupfen und in feine Streifen schneiden. Mit den Pinienkernen auf die Avocadotoasts streuen.

4. Die Butter in einer beschichteten Pfanne zerlassen, darin die Pastırmascheiben bei kleiner Hitze auf beiden Seiten knusprig braun braten. Die Avocadotoasts damit belegen und sofort servieren.

TIPP
Wer's lieber vegetarisch mag, zerdrückt 100 g Schafskäse fein mit einer Gabel, mischt ihn mit der Minze und streut ihn dann über die Tomaten.

REGISTER

APPETIT AUF MEHR?

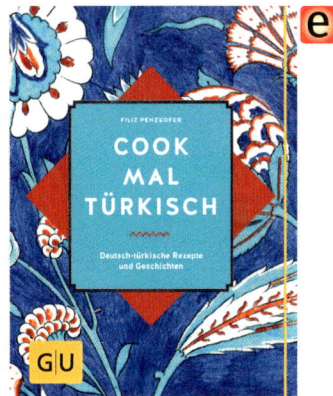

© 2020 GRÄFE UND UNZER VERLAG GmbH, München
Alle Rechte vorbehalten. Nachdruck, auch auszugsweise, sowie die Verbreitung durch Film, Funk, Fernsehen und Internet, durch fotomechanische Wiedergabe, Tonträger und Datenverarbeitungssysteme jeglicher Art nur mit schriftlicher Genehmigung des Verlages.

Projektleitung: Vanessa Lotz
Lektorat: Christin Geweke
Inhaltlicher Support: Tanja Dusy
Korrektorat: Adriane Andreas
Innen- und Umschlaggestaltung: independent Medien-Design, München: Horst Moser (Artdirection), Katharina Fesl
Herstellung: Martina Koralewska
Satz: griesbeckdesign, Dorothee Griesbeck
Reproduktion: Longo AG, Bozen
Druck und Bindung: Firmengruppe APPL, aprinta druck, Wemding

Printed in Germany

1. Auflage 2020
ISBN 978-3-8338-7584-7

Syndication:
www.seasons.agency

UMWELTHINWEIS:
Dieses Buch ist auf PEFC-zertifiziertem Papier aus nachhaltiger Waldwirtschaft gedruckt.

 www.facebook.com/gu.verlag

GRÄFE UND UNZER

Ein Unternehmen der
GANSKE VERLAGSGRUPPE

DIE AUTORIN

Die deutsch-türkische Schauspielerin **Sila Sahin** ist unter anderem bekannt aus »GZSZ«, »Hafenkante«, »Lindenstraße«, »Offscreen« und »Nachtschwestern«. Die Mutter zweier Kleinkinder begeistert ihre Follower auf Instagram mit ihren Koch-Storys und lebt den modernen Alltag einer jungen Frau, die Kinder, Karriere und den vegetarischen Ehemann unter einen Hut bringen muss.

DER PEOPLE-FOTOGRAF

Bernd Jaworek aus Berlin ist bekannt für seine Portraits von nationalen und internationalen Prominenten. Mit **Sabine Fischer** (Styling), **Beautyface** (Make-Up) und **Andrew Forrest** (Hairstyling) hat er Sila Sahin einen Tag begleitet und besondere Momente beim Kochen eingefangen.

DIE FOOD-FOTOGRAFIN

Die vielfach ausgezeichnete Fotografin **Julia Hoersch** arbeitet seit 1991 als freie Fotografin in Hamburg für renommierte Magazine, Agenturen und Buchverlage. Zusammen mit **Katja Baum** (Foodstyling) und **Meike Graf** (Requisite) hat sie für die Rezepte in diesem Buch ihr Fotostudio in einen Traum aus 1001 Nacht verwandelt.

BILDNACHWEIS

Bernd Jaworek: People-Fotos; Julia Hoersch: Food-Fotos; istock: 4, 15, 35, 89; Plainpicture/KNSY Bande: U1, 69; Plainpicture/Sara Foerster: 119; Shutterstock: 9 (Linie), 107; Stocksy: 49, 139

Ein Dank für die Unterstützung der Fotoproduktion geht an:
Marcel Ostertag, G1O1A, Maerz Berlin, Juist Ana und an den Showroom LABEL AGENT, der die Marken Maria Black, Rabens Saloner und Act Series zur Verfügung gestellt hat.

LIEBE LESERINNEN UND LESER,
wir wollen Ihnen mit diesem Buch Informationen und Anregungen geben, um Ihnen das Leben zu erleichtern oder Sie zu inspirieren, Neues auszuprobieren. Wir achten bei der Erstellung unserer Bücher auf Aktualität und stellen höchste Ansprüche an Inhalt und Gestaltung. Alle Anleitungen und Rezepte werden von unseren Autoren, jeweils Experten auf ihren Gebieten, gewissenhaft erstellt und von unseren Redakteuren/innen mit größter Sorgfalt ausgewählt und geprüft.

Haben wir Ihre Erwartungen erfüllt? Sind Sie mit diesem Buch und seinen Inhalten zufrieden? Haben Sie weitere Fragen zu diesem Thema? Wir freuen uns auf Ihre Rückmeldung, auf Lob, Kritik und Anregungen, damit wir für Sie immer besser werden können. Und wir freuen uns, wenn Sie diesen Titel weiterempfehlen, in Ihrem Freundeskreis oder bei Ihrem online-Kauf.

Sollten wir Ihre Erwartungen so gar nicht erfüllt haben, tauschen wir Ihnen Ihr Buch jederzeit gegen ein gleichwertiges zum gleichen oder ähnlichen Thema um.

KONTAKT
GRÄFE UND UNZER VERLAG
Leserservice
Postfach 86 03 13
81630 München
E-Mail: leserservice@graefe-und-unzer.de

Telefon: 00800 / 72 37 33 33*
Telefax: 00800 / 50 12 05 44*
Mo–Do: 9.00–17.00 Uhr
Fr: 9.00–16.00 Uhr
(*gebührenfrei in D, A, CH)

BACKOFENHINWEIS:
Die Backzeiten können je nach Herd variieren. Die Temperaturangaben in unseren Rezepten beziehen sich auf das Backen im Elektroherd mit Ober- und Unterhitze und können bei Gasherden oder Backen mit Umluft abweichen. Details entnehmen Sie bitte Ihrer Gebrauchsanweisung.